浙江省城市盾构隧道安全建造与智能养护重点实验室

LONG SPAN ARCH BRIDGE

Wind−Induced Fatigue Analysis of Hanger Structure

大跨度拱桥
吊杆结构风致疲劳研究

丁　杨　叶肖伟 ◎ 著

ZHEJIANG UNIVERSITY PRESS

浙江大学出版社

·杭州·

图书在版编目(CIP)数据

大跨度拱桥:吊杆结构风致疲劳研究/丁杨,叶肖
伟著. —杭州:浙江大学出版社,2023.8
ISBN 978-7-308-24111-3

Ⅰ.①大… Ⅱ.①丁… ②叶… Ⅲ.①长跨桥－拱桥
－疲劳理论 Ⅳ.①U448.22

中国国家版本馆 CIP 数据核字(2023)第 151339 号

大跨度拱桥:吊杆结构风致疲劳研究

丁　杨　叶肖伟　著

责任编辑　陈　宇
责任校对　赵　伟
封面设计　浙信文化
出版发行　浙江大学出版社
　　　　　(杭州市天目山路 148 号　邮政编码 310007)
　　　　　(网址:http://www.zjupress.com)
排　　版　杭州星云光电图文制作有限公司
印　　刷　杭州高腾印务有限公司
开　　本　710mm×1000mm　1/16
印　　张　11.75
字　　数　245 千
版 印 次　2023 年 8 月第 1 版　2023 年 8 月第 1 次印刷
书　　号　ISBN 978-7-308-24111-3
定　　价　68.00 元

前　言

　　大跨度拱桥是交通运输体系的重要组成部分,往往处于跨江海或跨山区的咽喉位置,故确保其在服役期的安全、耐久水平至关重要。然而,在风荷载与环境因素的长期共同作用下,作为主要受力、传力单元的吊杆结构会出现疲劳损伤,甚至受到破坏,吊杆结构的疲劳问题呈现出长历时与时变性的典型特征,传统的基于理论分析和模型试验的研究手段无法有效揭示吊杆结构的疲劳性能演化规律及灾变机理。随着桥梁健康监测技术的进步,如今已能够获取海量的现场监测数据,再结合机器学习算法和疲劳寿命分析方法,可以为桥梁吊杆结构的疲劳性能评估与安全防控提供创新性的解决途径。本书基于杭州市九堡大桥的桥梁健康监测系统获取的海量风场数据,开展大跨度拱桥吊杆结构风致疲劳评估,主要研究工作如下。

　　(1)基于桥梁健康监测系统获取的风场数据,分别采用广义回归神经网络、反向传播神经网络和极限学习机对风速进行长期预测。为提高风速预测精度,建立基于交叉验证的广义回归神经网络、基于遗传算法的反向传播神经网络、基于粒子群算法的极限学习机和基于三种基准神经网络的组合模型,对比七种风速模型的预测性能。

　　(2)考虑到监测数据的不确定性,通过基于高斯先验的贝叶斯模型对风速进行短期概率预测。分别采用平方指数协方差、马特恩(Matern)协方差、周期协方差及其混合协方差构建贝叶斯模型,通过对比验证,确定最适合该类监测数据的协方差函数。

　　(3)基于有限混合分布方法,建立极值风速风向联合概率分布模型,对风场随机特性进行表征,其中极值风速和极值风向均采用有限混合分布方法进行建模。分别采用期望最大化算法和遗传算法计算模型参数,基于所建立的联合概率分布模型计算不同重现期下的极值风速和风荷载,并与规范所推荐的方法进行对比。

　　(4)基于多物理场有限元软件分析不同风速、风向和湍流模型对桥梁吊杆风场的影响。结合监测数据和流-固耦合分析方法,计算桥梁吊杆在风场下的应力响应时程曲线,推导风速、风向联合作用下的桥梁吊杆累积损伤值,并基于疲劳寿命曲线计算吊杆的疲劳寿命。

（5）为计算腐蚀环境作用下桥梁吊杆的疲劳寿命，建立腐蚀疲劳过程中点蚀坑萌生阶段、短裂纹扩展阶段和长裂纹扩展阶段模型，提出通用的三阶段腐蚀疲劳耦合寿命分析方法，并进一步阐明不同腐蚀环境（腐蚀电流、大气腐蚀速率、风荷载的加载频率和腐蚀坑形貌）对吊杆疲劳寿命的影响。

（6）考虑到桥梁吊杆的整体损伤特性，提出基于贝叶斯优化的吊杆刚度和拉力识别方法，研究四种采集函数（期望提高函数、概率提高函数、置信下限函数和改进期望提高函数）对刚度和拉力损失识别精度的影响，分析不同边界条件和不同环境噪声对损伤识别精度的影响。分析桥梁吊杆内部平行钢丝断丝、钢丝腐蚀数量及断丝与腐蚀的共同作用对吊杆整体结构疲劳性能的影响，建立基于贝叶斯网络的桥梁吊杆系统时变可靠度评估方法。

本书由浙江省城市盾构隧道安全建造与智能养护重点实验室、城市基础设施智能化浙江省工程研究中心、浙江省教育厅科研项目（项目编号：Y202248682）、浙江省教育科学规划课题（项目编号：2023SCG222）资助出版。

本书的研究成果可以为在役大跨度拱桥吊杆的抗疲劳性能评估及疲劳失效防控提供理论支撑。

目　录

第 1 章

绪　论

1.1　研究背景与意义

2020 年 12 月 28 日,交通运输部发布的《关于进一步提升公路桥梁安全耐久水平的意见》[1]明确指出,"安全第一、质量第一"是贯穿公路桥梁全寿命周期阶段的基本原则,要着力提升公路桥梁管养水平,提升预防性养护的水平,加强桥梁健康监测,加快推动大数据、云计算、物联网、人工智能、北斗导航等新技术与公路建、管、养深度融合。到 2025 年,将实现全国高速公路中一类和二类的桥梁比例达95％以上,普通国省干线公路中一类和二类的桥梁比例达 90％以上。2021 年 8 月 31 日,交通运输部关于印发《交通运输领域新型基础设施建设行动方案(2021—2025)》的通知[2]进一步指出,需要全面提升我国交通基础设施的安全服役和智能运维水平:对在役桥梁健康开展实时监测,提升在役桥梁全要素、全周期数字化水平,增强对在役桥梁检测监测、评估预警能力,提升监测预警和应急处置技术应用水平。大跨度拱桥是交通运输体系的重要组成部分,往往处于跨江海或跨山区的咽喉位置,是交通网络的关键节点工程。此外,吊杆结构是拱桥的重要受力、传力结构,其在服役期内的安全、耐久水平将直接决定桥梁整体结构的安全性和可靠性[3]。例如,2001 年 11 月 7 日,四川宜宾南门大桥发生悬索及桥面断裂,如图 1-1(a)所示,导致 2 辆汽车坠江,1 艘小船被毁,2 人死亡,2 人受伤。该桥梁坍塌的原因是桥梁长年没有进行检测维护,吊杆防护措施失效。2011 年 7 月 14 日,福建武夷山公馆大桥北端突然垮塌,如图 1-1(b)所示,导致 1 辆旅游大巴车坠桥,1 人死亡,22 人受伤。该桥梁坍塌的原因是吊杆在循环荷载下出现了疲劳累积损伤。2019 年 10 月 1 日,台湾宜兰南方澳跨港大桥(桥龄仅为 21 年)的系杆拱桥突然垮塌,如图 1-1(c)所示,造成 12 人受伤,4 名渔船工人死亡,多艘渔船被破坏,800 艘渔船被困港内。该桥梁垮塌的原因是某一条连接拱顶和桥面的钢索发生疲劳断裂,桥面失去支撑进而发生坍塌。2022 年 1 月 18 日,重庆鹅公岩跨江轨道桥梁运营不到 3 年的悬挂吊杆出现断裂,如图 1-1(d)所示,尽管没有造成桥梁坍塌,但直接导致重庆部分区段的地铁线路陷入瘫痪状态。经相关专家的初步观察和分析发现,该桥梁的吊杆螺栓周围能看到由积水造成的轻微锈迹,因此该吊杆断裂的原因可能是被腐蚀产生的疲劳破坏。

(a)四川宜宾南门大桥吊杆破坏

(b)福建武夷山公馆大桥吊杆破坏

(c)台湾宜兰南方澳跨港大桥钢索破坏

(d)重庆鹅公岩跨江轨道桥梁悬挂吊杆破坏

图 1-1 桥梁吊杆破坏案例

　　大跨度拱桥在风荷载作用下发生振动并产生过大变形甚至受到破坏的事故屡见不鲜。1940 年 11 月 7 日,美国华盛顿州塔科马海峡吊桥在微风作用下发生坍塌,如图 1-2(a)所示。该桥坍塌的原因是使用的轻质材料使吊桥产生接近卡门涡街的共振破坏频率,吊桥在风中剧烈摇摆,最终倒塌。2010 年 5 月 19 日,俄罗斯莫斯科伏尔加格勒郭河大桥发生离奇振动,如图 1-2(b)所示。该桥的振动由风波动和桥梁共振引发。2020 年 4 月 26 日,我国武汉鹦鹉洲长江大桥双向桥面出现可人为感知的上下波形振动,如图 1-2(c)所示。由于风速风向具有随机性,专家认为此次桥梁异常振动系特定风况引起的短时间限幅涡振,即当风的方向、频率等与桥梁的振动频率正好契合时,就会发生共振。2020 年 5 月 5 日—5 月 9 日,我国广州虎门大桥在风荷载作用下发生振动,如图 1-2(d)所示。该桥振动的原因是桥面上安装的水马导致风场发生了变化,进而产生涡振导致桥梁振动。可见,在风荷载作用下,桥梁结构安全性能会明显下降,特别是桥梁吊杆这一具有刚度小、阻尼和基频低、模态密集等特点的柔性结构。研究表明,风致振动是引起吊杆发生疲劳破坏的主要因素之一[4]。疲劳破坏是一种脆性破坏,吊杆出现疲劳破坏比出现强度破坏的次数更多,即在长历时、大周次、强随机的风荷载作用下,吊杆结构更容易出现疲劳累积损伤而被破坏,进而影响桥梁结构的使用寿命[5]。综上可知,吊杆结构的疲劳灾变具有显著的长历时和时变性特征,一旦发生疲劳破坏,后果极其严重[6-7]。因此,有效揭示服役期内吊杆结构的疲劳性能劣化规律及灾变机理,可以为其疲劳寿命的准确评估提供理论基础,对进一步提升吊杆结构疲劳灾变防控能力具有重要的理论指导意义。

(a)美国华盛顿州塔科马海峡吊桥破坏

(b)俄罗斯莫斯科伏尔加格勒郭河大桥振动

(c)武汉鹦鹉洲长江大桥振动

(d)广州虎门大桥振动

图 1-2   风致桥梁振动案例

目前,应力-寿命法(S-N 曲线)是国内外桥梁设计规范中评估吊杆结构疲劳寿命的主要方法[8-10]。在采用应力-寿命法对吊杆结构进行疲劳寿命评估时,需要获取吊杆结构的应力响应和疲劳抗力参数[11-12]。由于风场参数与桥梁类型、桥梁所处的地理位置和气候环境等相关,故传统的风荷载-结构模型难以体现风场参数的强不确定性和随机性[13-14]。此外,吊杆结构具有几何上的长柔特征,在风荷载作用下非线性振动效应显著,因此传统的理论分析和数值模拟无法准确计算吊杆结构全线范围的应力响应[15]。为了准确地计算吊杆结构在风场环境作用下的应力响应,首先需要准确把握桥址处的风场特性[16]。随着桥梁健康监测技术的进步,如今可以在桥梁上安装风速风向仪对桥址风场数据进行长期监测,进而有效获取真实的吊杆结构服役荷载和环境参数,为准确评估吊杆结构疲劳性能提供重要依据[17-18]。基于风场的监测数据能够有效表征桥址风场的不确定性,但该方法只基于现有监测数据,即只能表征过去和现在桥梁桥址处的风场特性,不能表征未来桥址处风场的特性[19]。这主要是因为目前装有桥梁健康监测系统的桥梁运营时间相比于桥梁结构设计的百年使用年限较短,监测到的数据量还远远不足[20-21]。由于风场参数还具有时变性和记忆性,因此有必要建立基于风场监测数据的风场参数不确定性表征方法,以充分挖掘已有监测数据潜在的信息,为吊杆结构的时变疲劳可靠度计算提供数据支撑,进而有效进行大跨度拱桥风致疲劳可靠度的动态评估。

对于近海和跨海的大跨度拱桥,风荷载的循环作用是导致吊杆结构疲劳失效的主要原因,且服役环境中的腐蚀介质会使吊杆结构遭受腐蚀作用,进而降低结构整体的抗疲劳性能[22-23],如图1-3所示。在疲劳荷载和腐蚀环境的耦合作用下,吊杆结构的疲劳性能劣化过程十分复杂[24-25]。在风荷载的长期循环作用下,吊杆结构容易产生疲劳裂纹[26];在腐蚀作用下,吊杆结构的表面部分会产生腐蚀坑,形成应力集中区域[27];在腐蚀-疲劳耦合作用下,吊杆结构的疲劳裂纹会不断扩展,直至吊杆内少量平行钢丝断裂或吊杆的整体结构被破坏[28]。目前,针对吊杆结构的腐蚀疲劳问题,大多研究是将平行钢丝预腐蚀后进行疲劳试验,进而分析腐蚀对吊杆结构疲劳寿命的影响,但缺乏对腐蚀-疲劳耦合作用机理的深入研究[29]。因此,有必要建立吊杆结构的腐蚀-疲劳耦合计算模型,揭示吊杆结构腐蚀-疲劳耦合作用机理,进而掌握腐蚀-疲劳耦合作用对吊杆结构疲劳性能劣化的影响规律。

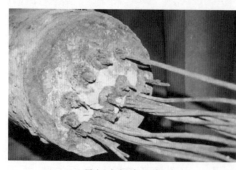

(a)吊杆内部腐蚀断裂　　　　　　　　　(b)吊杆锚头腐蚀

图1-3　吊杆腐蚀情况

在长期服役过程中,吊杆结构的疲劳性能受到诸多不确定因素的影响[30-32]。一方面,由于风荷载的随机性,吊杆结构会产生非线性振动,从而使其不同位置的应力响应具有明显的随机性[33];另一方面,吊杆结构的疲劳抗力受平行钢丝/钢绞线安全状态的影响,如平行钢丝/钢绞线发生疲劳断裂后会使吊杆结构内部产生应力重分布、平行钢丝/钢绞线会受到不同程度的腐蚀作用等,进而使吊杆结构的失效模式呈现得复杂多变[34]。目前,吊杆结构疲劳方面的研究以确定性的评估方法为主,未能全面考虑吊杆结构服役环境和疲劳抗力的不确定性,不能对吊杆结构的疲劳寿命进行有效评估[35]。因此,有必要对吊杆结构的疲劳应力时空分布特性开展深入研究,结合吊杆结构疲劳强度的退化规律,从而提出考虑不确定性的吊杆结构系统疲劳时变可靠度分析方法。

1.2　国内外研究现状

1.2.1　吊杆结构疲劳应力分析研究现状

吊杆结构作为大跨度拱桥的核心传力、受力构件,由索体(平行钢丝或钢绞线)、防护体系(聚乙烯护套)和锚固端组成。索体是吊杆结构的主要受拉构件,其抗疲劳性能直接关系到桥梁结构的安全、耐久水平[36]。吊杆结构的疲劳应力和疲劳抗力是决定吊杆疲劳寿命的两个主要因素,疲劳应力与吊杆结构受到的荷载作用密切相关,而疲劳抗力由平行钢丝的组合形式和材料特性决定[37-38]。在疲劳应力的确定研究中,部分研究者将应变片贴在每根平行钢丝上。这种方法虽然简单方便,但在实际工程中,由于经费有限,不可能给所有钢丝都贴上应变片;也有部分研究者将应变片直接贴在吊杆表面的护套上,但是护套和平行钢丝之间存在间隙,故护套处的应力并不能等效成钢丝处应力。因此,目前吊杆结构在服役期的疲劳应力主要通过建立结构-荷载模型计算获得,然后通过平行钢丝材料特性选择对应的应力-寿命曲线,计算得出平行钢丝或吊杆结构的抗疲劳性能[39-40]。

吊杆结构表面受到的疲劳荷载主要为风荷载。风荷载能直接作用于吊杆结构并使其发生空间运动[41]。针对风荷载作用下吊杆结构的应力响应计算和疲劳性能评估,国内外学者开展了大量研究。例如,韩艳等[42]以江顺大桥为工程背景,提出了风致抖振疲劳损伤分析方法,确定了拉索单元的应力幅值与风荷载循环次数之间的相关性。Liu 等[43]基于瞬态有限元分析,计算了风荷载作用下大跨度悬索桥梁吊杆的应力响应,研究了桥梁吊杆的疲劳寿命。Zhang 等[44]提出了一种研究风荷载作用下大跨桥梁疲劳性能的评估方法,分析了风速对桥梁应力响应的影响规律。Xu 等[45]提出了一种有限元抖振应力计算方法,采用拟激励法求解抖振应力频域控制方程,并基于昂船洲大桥位移、加速度和应力监测数据进行了验证。Han 等[46]提出了一种桥梁疲劳可靠性评估框架,分析了风荷载作用下矮寨大桥的动力响应,确定了风荷载对桥梁疲劳可靠性的影响规律。Jiang 等[47]提出了一种基于应力响应面的斜拉索应力简化计算方法,建立了单次荷载作用下的应力时程数据库,并通过风-桥耦合系统数值模型对斜拉索服役期内的累积疲劳损伤进行了评估。Xu 等[48]提出了一种悬索桥在强风作用下的动力响应计算方法,分析了风速对桥梁作用的影响机理。黄铭枫等[49]针对干煤棚结构在风荷载作用下的疲劳破坏问题,开展了多点同步风洞试验,分析了不同风速风向下的结构疲劳损伤,确定了对干煤棚结构最不利的风向。Liu 等[50]以一在役悬索桥为研究对象,分析了不同湍流模型对桥梁疲劳损伤的影响,得出紊流风强度增加且循环次数增加会导致桥梁缆索累积疲劳损伤增加。可见,将风洞试验、理论分析和计算流体力学模拟方法用于表征风场特性,可通过计算得到风致应力响应。但在风洞试验和数值模拟中,仍需要输入桥址处的风场参数,且这一参数需要根据实测风场数据来确定。此外,风洞试验和数值模拟很难真实反映出桥梁的边界条件[51-52]。因此,传统的基于风洞试验、理论分析和数值模拟的研究方法,无法准确反映出吊杆结构形式的复杂性和疲劳荷载的随机性,难以得到准确的疲劳应力计算结果。近年来,随着桥梁健康监测技术的发展,现场长期监测的数据能够真实反映风荷载的随机特性,为有效揭示吊杆结构的真实服役应力状态提供了重要基础[53-54]。Wu 等[55]对桥梁健康监测系统采集的风速数据进行分析,验证了湍流强度与平均风速的关系和湍流强度与阵风因子的相关性。Zhou 等[56]基于桥梁健康监测系统采集的长期数据研究了大风对跨海斜拉桥振动响应和模型参数的影响。Ye 等[57]基于桥梁健康监测系统采集的长期风场数据,建立了风速风向联合概率模型,充分描述了风场参数不确定性特征。可见,现场监测方法能够通过桥梁健康监测系统收集的实时风场数据准确评估风特性,因为该方法充分考虑了桥梁所处的地理环境、地形起伏、构造形态等环境因素对桥址风场的影响[58]。桥梁健康监测系统获取的长期监测数据具有即时性,且系统可能会出现破坏和临时断电等不可控情况,使数据缺失进而无法准确地评估风场特性[59]。因此,获取海量监测数据后,有必要建立数据挖掘模型获得数据中潜在的重要信息,进而对桥梁吊杆状态进行全面动态评估。

1.2.2 考虑腐蚀作用的吊杆结构疲劳寿命评估研究现状

实际工程中,吊杆结构会受到腐蚀环境的影响。已有研究表明,吊杆内的钢绞线或平行钢丝在服役期会发生锈蚀问题[60-61]。由于受到金属离子不均匀的电化学腐蚀作用,钢丝表面部分区域会产生腐蚀坑(裂纹)而形成应力集中区域,在应力集中作用下,裂纹不断扩展,钢丝有效截面面积不断减小,钢丝抗疲劳性能不断降低[62-63]。国内外研究人员对吊杆结构的腐蚀机理和力学性能开展了大量的试验研究。Li 等[64]通过钢绞线的氯离子腐蚀试验,发现了以钢绞线腐蚀为典型的点蚀模式,其腐蚀形貌呈马鞍形或椭球状。Fang 等[65]开展了钢丝的腐蚀试验,获取了腐蚀结构表面的二维和三维点云数据,分析了腐蚀坑的几何特性,指出高应力状态会加剧腐蚀坑沿深度方向扩展。Li 等[66]通过加速腐蚀试验研究了高强度镀锌钢丝表面腐蚀深度的时变规律,建立了均匀腐蚀深度和点蚀深度的统计模型。Xu 等[67]对自然腐蚀下的平行钢丝开展了拉伸试验,发现腐蚀作用降低了钢丝的屈服强度和极限强度。Li 等[68]采用人工预制凹坑方法模拟腐蚀作用,通过拉伸试验探究了坑深、坑宽和坑距等腐蚀坑参数对钢丝强度的影响规律。Chen 等[69]基于法拉第定律和裂纹萌生-扩展速率方法,建立了描述点蚀扩展和裂纹扩展阶段损伤演化的多尺度腐蚀疲劳损伤模型,探究了高强钢丝在腐蚀作用下的疲劳寿命演变机理。

在腐蚀作用下的吊杆结构疲劳性能试验研究方面,叶华文等[70]开展了不同腐蚀坑尺寸钢丝的疲劳试验,发现了腐蚀坑的应力集中程度是影响腐蚀钢丝疲劳强度的主要因素。Nakamura 等[71]进行了不同腐蚀等级的镀锌钢丝疲劳试验,指出腐蚀钢丝疲劳强度随着腐蚀程度的加剧而降低。郑祥隆等[72]研究了自然锈蚀钢丝和人工加速锈蚀钢丝的疲劳性能及疲劳断裂机理,发现当钢丝表面腐蚀坑分布较密时,易诱发多源裂纹并表现出不规则的裂纹扩展规律。Jiang 等[73]对不同腐蚀程度的高强度钢丝开展了三维轮廓测量和疲劳试验,结果表明腐蚀坑数量和尺寸参数随着腐蚀程度的提高而增大,钢丝疲劳寿命呈线性下降趋势。Li 等[74]通过腐蚀钢丝和吊杆疲劳试验,发现点蚀效应加快了疲劳裂纹扩展和钢丝断裂,大幅降低了钢丝和缆索的疲劳寿命。Guo 等[75]开展了不同腐蚀环境、疲劳应力加载形式和应力比条件下的腐蚀疲劳试验,发现应力比和应力强度因子的增大会加速疲劳裂纹扩展。Li 等[76]开展了自然腐蚀钢丝和人工预制腐蚀坑钢丝的疲劳试验,探讨了腐蚀程度和应力水平对钢丝疲劳性能的影响规律,发现了腐蚀程度越高,钢丝疲劳寿命降低越显著。

基于腐蚀疲劳试验结果,国内外学者开展了吊杆结构疲劳寿命评估方面的研究工作。余芳等[77]基于腐蚀钢绞线疲劳试验研究,建立了以腐蚀率为参量的腐蚀钢绞线疲劳计算模型,表征了腐蚀率与应力水平对钢绞线疲劳寿命的影响。Chen等[78]分析了腐蚀疲劳试验过程中吊杆钢丝腐蚀形貌的统计特征,建立了腐蚀坑尺寸参数对腐蚀时间和应力水平的概率密度函数,提出了锈蚀钢丝疲劳寿命评估方法。吴冲等[79]通过顶腐蚀疲劳试验研究了缆索钢丝疲劳性能劣化规律,发现相较于高应力幅,低应力幅下钢丝的疲劳性能对腐蚀更为敏感,并建立了考虑腐蚀程度的钢丝疲劳寿命分析模型。Lan 等[80]开展了斜拉索平行钢丝腐蚀试验,采用多参数腐蚀-应力-寿命模型表征腐蚀对钢丝疲劳寿命的影响。Wang 等[81]结合元胞自动机和有限元法模拟了钢丝在预腐蚀和疲劳作用下的损伤演化过程,提出了不同腐蚀程度下钢丝的应力-寿命曲线可用于评估其疲劳寿命。Li 等[82]开展了考虑均匀腐蚀和点蚀作用下的腐蚀疲劳试验,建立了腐蚀钢丝的疲劳寿命时变概率模型,并通过蒙特卡罗法评估了斜拉索的疲劳性能。Miao 等[83]通过腐蚀钢丝疲劳试验和有限元分析,建立了不同腐蚀坑尺寸和应力比下钢丝疲劳寿命评估模型,分析了应力幅值和腐蚀坑深宽比对腐蚀钢丝疲劳寿命的影响规律。然而,目前针对桥梁缆索结构的腐蚀疲劳问题,大多数研究是将钢绞线或平行钢丝预腐蚀后进行疲劳试验,分析腐蚀对其疲劳寿命的影响,并且大量的腐蚀疲劳试验只能得到特定材料疲劳参数,获得的疲劳寿命曲线并不具有通用性,因而缺乏对腐蚀-疲劳耦合作用机理的深入研究。因此,有必要建立吊杆结构的腐蚀-疲劳耦合通用计算模型,进而揭示吊杆结构腐蚀-疲劳耦合作用机理,从而全面掌握腐蚀-疲劳耦合作用对桥梁缆索结构疲劳性能劣化的影响规律。

1.2.3　吊杆结构疲劳可靠度分析研究现状

吊杆结构在长期服役过程中,疲劳性能受到诸多不确定因素的影响[84]。在随机风荷载作用下,吊杆结构不同位置的应力响应具有明显随机性[85]。在腐蚀环境作用下,腐蚀环境的空间差异导致缆索结构的蚀坑形成位置和裂纹扩展规律各不相同[86]。可靠度作为结构服役状态的评估指标,能够反映疲劳荷载和环境参数的不确定性[87-88]。在基于结构可靠度的吊杆结构疲劳评估方面,颜东煌等[89]建立了一种拉索时变可靠度评估方法,研究了拉索腐蚀与疲劳损伤对在役斜拉桥服役安全的影响。Lu 等[90]建立了一种基于深度置信网络的系统可靠度评估方法,研究了随机交通荷载作用下的索承桥梁可靠度演变规律。易富等[91]基于失效概率和可靠度指标评估了悬索桥主缆关键位置在服役期内的疲劳寿命。李岩等[92]通过拉索高强钢丝加速腐蚀疲劳试验,建立了考虑腐蚀因素的风荷载作用下拉索疲劳可靠度分析方法。Lu 等[93]采用自适应支持向量回归方法获得缆索结构的非线性应力响应函数,建立了桥梁缆索结构疲劳可靠度评估框架,并对在役斜拉桥缆索结构进行了疲劳可靠度评估。吊杆结构部分平行钢丝失效并不会导致吊杆结构整体破坏,但会使吊杆结构产生复杂的应力重分布。目前的研究成果未能充分考虑平行钢丝断裂与缆索结构疲劳失效之间的相关性,无法有效揭示吊杆结构复杂的疲劳失效模式和不确定性。

吊杆结构由大量钢绞线或平行钢丝组成,对钢绞线或平行钢丝的疲劳可靠度研究成果难以有效评估吊杆结构整体的抗疲劳性能。近年来,贝叶斯(Bayesian)网络运用其特有的节点间条件概率关系,有效解决了系统层面的结构可靠度评估问题[94]。在基于贝叶斯网络的桥梁结构疲劳可靠度评估方面,Kala[95]基于贝叶斯网络方法,研究了某钢桥在循环荷载作用下的疲劳寿命和失效概率,提出了桥梁疲劳损伤检测的合理时机。Luque 等[96]提出了一种基于动态贝叶斯网络的桥梁结构疲劳可靠度计算方法,研究了桥梁结构不同构件的疲劳性能劣化相关性,并与马尔可夫(Markov)链和蒙特卡罗(Monte Carlo)法进行对比,验证了方法的有效性。Maljaars 等[97]基于贝叶斯网络模型,开展了考虑空间相关性和疲劳裂纹扩展的桥梁结构可靠度研究,并以正交异性桥面板进行了验证。Yuan 等[98]提出由材料疲劳裂纹扩展模型和结构非线性分析方法组成的桥梁疲劳损伤可靠度评估框架,并结合贝叶斯网络评估桥梁结构的疲劳寿命。Maljaars 等[99]提出了一种基于贝叶斯网络的斜拉索失效概率可靠度评估方法,研究了钢丝初始缺陷和断裂对拉索疲劳性能的影响。Heng 等[100]建立了基于动态贝叶斯网络的正交异性桥梁结构疲劳可靠性评估方法,研究了疲劳荷载作用下结构的疲劳抗力时变规律。

1.3　现有研究存在的不足

国内外学者针对风荷载和腐蚀环境共同作用下的吊杆结构疲劳性能劣化及灾变机理进行了大量的研究工作,取得了大量有价值的研究成果,但目前仍存在以下不足。

(1)吊杆结构服役疲劳应力分析。吊杆结构的几何特征和疲劳荷载的随机性使得其在风荷载作用下的振动响应表现出显著的非线性,传统的理论分析和数值模拟未能全面考虑疲劳荷载的强随机性,且不能真实反映结构形式的复杂性,无法准确获得吊杆结构的服役疲劳应力。因此,有必要通过桥梁健康监测系统获取海量现场监测数据,并利用机器学习方法充分挖掘监测数据中潜在的有效信息,进而有效表征疲劳荷载和服役环境的随机性,从而为吊杆结构疲劳应力分析提供创新解决思路。

(2)吊杆结构腐蚀-疲劳作用机理。吊杆结构在长期服役过程中会受到疲劳荷载和腐蚀环境的共同作用,腐蚀-疲劳耦合作用下吊杆结构疲劳性能劣化过程十分复杂。目前对吊杆结构的疲劳试验主要以预腐蚀试验为基础,不能体现腐蚀和疲劳的耦合作用,故未能形成对腐蚀环境下吊杆结构疲劳性能劣化规律的明确认识。此外,不同的腐蚀坑形貌、数量和空间位置均会对吊杆抗疲劳性能产生影响。因此,有必要基于吊杆结构的腐蚀-疲劳耦合作用模型,研究腐蚀作用下吊杆结构疲劳性能劣化规律,提出吊杆结构的腐蚀-疲劳寿命评估方法。

(3)吊杆结构疲劳可靠度评估。吊杆结构由大量平行钢丝组成,服役过程中,部分钢丝失效会使吊杆结构发生复杂的应力重分布,即吊杆结构的疲劳性能会受钢丝断丝数量、钢丝腐蚀数量等大量不确定性因素的影响。然而,目前在吊杆结构疲劳可靠度评估方面的研究主要基于构件层次,而缺乏对考虑钢丝失效模式的吊杆系统结构疲劳性能评估方面的研究。

1.4 技术路线与主要研究工作

1.4.1 技术路线

针对风荷载和腐蚀环境共同作用下的吊杆结构疲劳性能劣化的研究现状及现有研究的不足,本书基于桥梁健康监测系统获取的海量现场风场监测数据,采用组合神经网络方法进行风速长期预测,采用贝叶斯方法进行风速短期概率预测,探究风场参数的随机性和时变性,为后续吊杆结构应力响应、疲劳评估、损伤识别及系统疲劳可靠度评估提供数据支撑;发展了可以高效搜索全局最优解的参数识别方法,充分考虑了风参数分布的复杂性和多模态性,建立了基于有限混合分布的风速风向联合概率分布模型,以便准确地计算风荷载;将得到的风荷载时程作用于桥梁吊杆表面,获得了吊杆的应力时程曲线,结合雨流计数法、累计损伤准则和疲劳-寿命曲线,计算得到了吊杆的疲劳寿命;考虑到腐蚀环境对吊杆疲劳寿命的影响,建立了三阶段的腐蚀-疲劳耦合寿命曲线,并通过数值计算分析了环境腐蚀因素、腐蚀坑数量及其空间性对吊杆疲劳寿命的影响。本书还结合贝叶斯优化原理对吊杆结构进行了损伤识别;考虑到吊杆内钢丝断丝数量对吊杆应力重分布的影响及钢丝被腐蚀数量对吊杆抗力的影响,建立了基于贝叶斯网络的吊杆系统时变疲劳可靠度评估方法。本书的技术路线如图 1-4 所示。

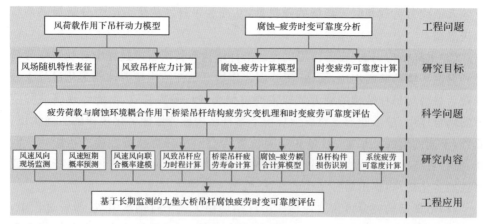

图 1-4 技术路线

1.4.2 主要研究工作

本书着重对现有研究的三个不足开展研究,研究思路如图 1-5 所示。

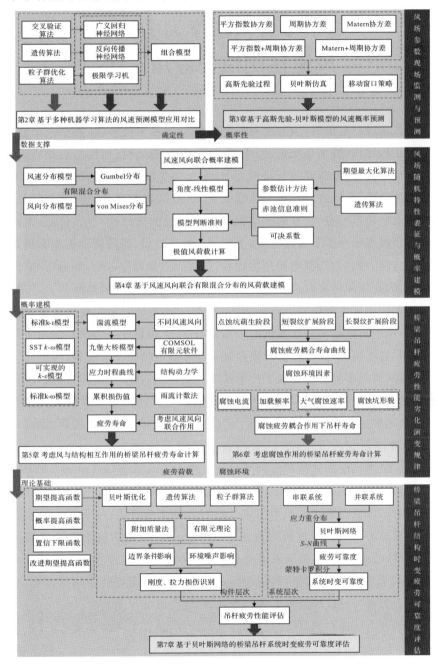

图 1-5 本书研究思路

第 2 章
基于多种机器学习方法的
风速预测模型应用对比

  风荷载超过一定值时,风力会对基础设施造成重大破坏,经济损失严重,因此对于各种工程结构,特别是质量轻、柔度高、阻尼小的结构(如风力涡轮机、大跨度拱桥和高层建筑等)都需要进行抗风设计[101]。为了确保可靠的抗风设计,准确预测风速对评估风-结构效应显得尤为重要[102]。但风速的准确预测具有随机性、非线性和不确定性等特点,故准确预测风速具有很大的挑战性[103]。目前,国内外学者对风速预测方法开展了大量研究,主要分为物理模型、传统统计模型和机器学习方法三种方法[104]。物理模型使用物理或气象信息(如温度、压力和地形)来评估未来的风速,因此预测精度取决于已知样本,并且无法进行长期预测[105]。传统的统计模型使用历史风速数据样本进行训练,从而寻找某些未知变量与风速之间的关系,这种模型的构建需要获取大量的未知参数[106]。机器学习方法只使用时间序列数据来进行样本训练,这种方法对模拟复杂的非线性情况非常有效[107]。

  如今,越来越多的桥梁安装了桥梁健康监测系统,这类系统综合考虑了地理环境、地形粗糙度、结构形状等因素,可以为机器学习方法提供可靠的训练数据。因此,机器学习方法在风速预测中得到了广泛应用。针对风速预测问题,国内外学者提出了多种机器学习方法,如广义回归神经网络(generalized regression neural network,GRNN)、反向传播神经网络(back propagation neural network,BPNN)、极限学习机(extreme learning machine,ELM)等。Kumar 等[108]建立了广义回归神经网络对印度西部地区的风力发电厂进行长期风速预测。Guo 等[109]建立了基于反向传播神经网络的风速预测方法。Lazarevska[110]利用极限学习机对风速进行短期建模,结果表明,极限学习机具有操作简单、性能好、计算速度快等特点。但在这些机器学习方法中,权值、阈值、学习速率等参数的设置会影响其性能,且这些参数基本上都是按照以往经验人为设置的,可能会破坏预测精度[111]。

  不少学者为了提高机器学习方法的预测精度,建立了多种优化算法,如交叉验证(cross validation,CV)算法、遗传算法(genetic algorithm,GA)、粒子群优化(particle swarm optimization,PSO)算法等。Jiang 等[112]提出了一种基于 K 重交叉验证法（K-foldcross validation，K-CV）的 GRNN 方法来预测滑坡的位移值。Xu 等[113]提出了一种基于 GA-BPNN 的风力发电量预测模型，发现该模型的预测精度要优于传统的 BPNN。Han 等[114]利用 PSO 算法确定 ELM 的权值和阈值，发现 PSO-ELM 具有更好的全局逼近性能和泛化能力。Yang 等[115]提出了一种基于 PSO 的改进 ELM 集成算法，发现改进后的算法比一些经典的 ELM 具有更好的收敛性能。

　　本章基于桥梁健康监测系统采集到的风场监测数据，采用三种机器学习方法（GRNN、BPNN 和 ELM）进行风速预测。同时，为了提高预测精度，本章建立了基于优化算法的机器学习方法（CV-GRNN、GA-BPNN 和 PSO-ELM）。由于不同的机器学习方法具有不同的训练、预测精度，故本章还构建了基于有限混合（finite mixture，FM）的机器学习风速预测方法。

2.1　三种机器学习方法

2.1.1　广义回归神经网络方法

　　GRNN 是一种径向基神经网络，被广泛应用于解决非线性优化问题，具有高效的计算能力[116-117]。GRNN 通常由输入层、模式层、求和层和输出层四层网络结构组成，如图 2-1 所示[118]。

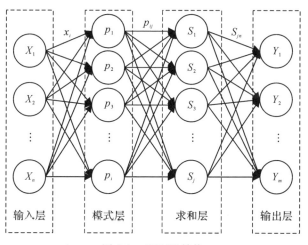

图 2-1　GRNN 结构

　　由 GRNN 的网络结构可知,输出因变量 Y 包含 n 个输入自变量 X,此处输入的自变量 X 为监测到的风速,输出的因变量 Y 为预测得到的风速,故每一层的网络可以具体解释为[119]:① 输入层神经元的数量等于风速学习样本数量;② 在模式层中,传递函数可对输入层神经元进行转换,传递函数为 $p_i = \exp\left[-\dfrac{(\boldsymbol{X} - \boldsymbol{X}_i)^{\mathrm{T}}(\boldsymbol{X} - \boldsymbol{X}_i)}{2\sigma^2}\right]$, $i = 1, 2, \cdots, n$;③ 在求和层中,对经过传递函数计算得到的神经元进行求和计算,求和方法有算术求和($S_D = \sum_{i=1}^{n} p_i$)和加权求和($S_{Nj} = \sum_{i=1}^{n} Y_{ij} p_i$)两种;④ 输出层将求和层得到的结果输出,即 $y_{ij} = S_{Nj} / S_D$, $j = 1, 2, \cdots, k$。

　　可见,GRNN 的理论基础就是非线性回归分析,输出值 Y 相对于输入值 X 的回归分析实际上是计算最大概率值 y。假设 $f(x, y)$ 表示 x, y 的联合概率密度函数,X 是 x 的观测值,则当 X 给定时,y 的均值可以表示为[120]:

$$E(y \mid X) = \frac{\displaystyle\int_{-\infty}^{+\infty} y f(X, y) \mathrm{d}y}{\displaystyle\int_{-\infty}^{+\infty} f(X, y) \mathrm{d}y} \tag{2-1}$$

　　可以进一步通过 x 和 y 的样本观测值来计算 $f(x, y)$ 的值:

$$f(x, y) = \frac{1}{(2\pi)^{(m+1)/2} \sigma^{m+1} n} \cdot \sum_{i=1}^{n} \exp\left[-\frac{(\boldsymbol{X} - \boldsymbol{X}_i)^{\mathrm{T}}(\boldsymbol{X} - \boldsymbol{X}_i) + (Y - Y_i)^2}{2\sigma^2}\right] \tag{2-2}$$

式中,$\boldsymbol{X}_i$,Y_i 是随机变量 x, y 的样本观测值;m 是随机变量 x 的维数;n 是样本数;σ 是平滑参数。

　　将公式(2-1)代入公式(2-2)中可得:

$$E(y \mid X) = \frac{\displaystyle\sum_{i=1}^{n} Y_i \exp\left[-\frac{(\boldsymbol{X} - \boldsymbol{X}_i)^{\mathrm{T}}(\boldsymbol{X} - \boldsymbol{X}_i)}{2\sigma^2}\right]}{\displaystyle\sum_{i=1}^{n} \exp\left[-\frac{(\boldsymbol{X} - \boldsymbol{X}_i)^{\mathrm{T}}(\boldsymbol{X} - \boldsymbol{X}_i)}{2\sigma^2}\right]} \tag{2-3}$$

　　从公式(2-3)中可以看出,GRNN 中只有一个平滑参数 σ 需要确定,σ 是使用 GRNN 进行预测的核心参数。GRNN 的预测精度取决于平滑参数 σ 的取值,当 σ 值非常大时,$E(y \mid X)$ 的估计值近似于所有样本数据的平均值;而当 σ 值非常小时,$E(y \mid X)$ 的估计值则和训练样本数值非常接近。因此,当训练样本集包含所需预测点时,公式(2-3)计算出的预测值会和样本数值非常接近;而当训练样本集不包含所需预测点时,计算出的预测值会非常发散,即 σ 值直接影响着 GRNN 的泛化能力。因此,有必要使用优化算法(如交叉验证算法)来选择最佳平滑参数[121]。

2.1.2　反向传播神经网络方法

BPNN 结构是一种多层前馈神经网络,主要通过传递函数将输入层数据经过多层隐含层进行求解输出,并将输出值与实际值进行对比,再将产生的误差反向传递给每层隐含层,即误差反向传播,如此往复,直到达到预期值[122]。BPNN 通常由输入层、隐含层和输出层三层网络结构组成,如图 2-2 所示[123]。

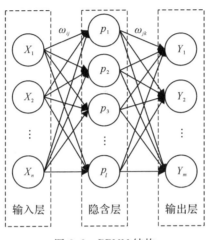

图 2-2　BPNN 结构

由 BPNN 结构可知,BPNN 可以看成一个非线性函数,网络中的输入自变量 X 和输出因变量 Y 可以通过网络中的权值 ω_{ij} 和 ω_{jk} 来表示,因此 BPNN 的训练过程包括以下几步[124]。

(1) 结合数据集,人为确定 BPNN 的输入层节点数 n、隐含层节点数 l、输出层节点数 m。设置输入层与隐含层、隐含层与输出层之间的权值 ω_{ij}、ω_{jk},给定学习速率 η、迭代次数、预测精度、隐含层阈值 a、输出层阈值 b 及激励函数 $f(\cdot)$,输出值计算如下:

$$H_j = f\Big(\sum_{i=1}^{n}\omega_{ij}x_i - a_j\Big),\ j = 1,2,\cdots,l$$

$$f(x) = \frac{1}{1 + \mathrm{e}^{-x}} \tag{2-4}$$

(2) 根据公式(2-4),通过隐含层的输出值 H、隐含层与输出层的权值 ω_{jk} 和输出层的阈值 b 计算 BPNN 的预测值 O_k;根据预测值 O_k 和已知的期望值 Y_k,计算误差值 e_k:

$$O_k = \sum_{j=1}^{l} \omega_{jk} H_j - b_k, \ k = 1, 2, \cdots, m$$

$$e_k = Y_k - O_k, \ k = 1, 2, \cdots, m \tag{2-5}$$

(3) 将误差值反向传递给输入层与隐含层之间的权值 ω_{ij}、隐含层与输出层之间的权值 ω_{jk}、隐含层的阈值 a 和输出层的阈值 b,从而实现这些参数的更新:

$$\omega_{ij} = \omega_{ij} + \eta H_j (1 - H_j) x_i \sum_{k=1}^{m} \omega_{jk} e_k, \ i = 1, 2, \cdots, n, j = , 2, \cdots, l$$

$$\omega_{jk} = \omega_{jk} + \eta H_j e_k, \ j = 1, 2, \cdots, l, k = 1, 2, \cdots, m$$

$$a_j = a_j + \eta H_j (1 - H_j) \sum_{k=1}^{m} \omega_{jk} e_k, \ j = 1, 2, \cdots, l$$

$$b_k = b_k + e_k, \ k = 1, 2, \cdots, m \tag{2-6}$$

以此往复更新计算,当达到人为设置的预测精度或迭代次数时,则停止计算。从上述训练过程可以看出,BPNN 中的预测精度、迭代次数、初始阈值、初始权值和学习速率都需要人为确定,这使得 BPNN 在预测方面存在着不足和缺点。例如,当预测精度设置过高或迭代次数设置过多时,计算效率会下降,耗时过长;当初始阈值、初始权值和学习速率设置不当时,BPNN 训练过程的计算效率受到影响,并有可能导致优化后的阈值和权值陷入局部最优解值而无法达到全局最优解值;学习速率的快慢会影响 BPNN 训练过程的收敛速率,设置过快会导致计算结果不收敛,设置过慢则会增加计算时长。因此,需要采用优化算法(如遗传算法)来选取合适的初始值,提高 BPNN 的计算效率。

2.1.3 极限学习机方法

ELM 也是一种多层前馈神经网络,其结构与 BPNN 相同,如图 2-3 所示[125]。但与 BPNN 不同的是,ELM 中各层间的权值和阈值是随机产生的,并且训练过程中无须再进行调整,因此理论上,该方法的收敛速度快,计算效率高。ELM 的训练过程包括以下几个步骤[126]:① 随机产生权值 w 和阈值 b,给定激活函数 $g(wx + b)$,该函数是一个无限可微的函数;② 通过激活函数计算得到的输出值与实际值之间的误差要小于设定的误差值 ε;③ 假设输入信号与输出信号存在线性关系,即符合线性方程 $\boldsymbol{Ax} = \boldsymbol{y}, \boldsymbol{x} = \boldsymbol{A}^+ \boldsymbol{y}, \boldsymbol{A}^+$ 是矩阵 $\boldsymbol{A}$ 的摩尔-彭罗斯(Moore-Penrose)广义逆矩阵。

根据 ELM 的定理可知,ELM 在训练之前可以随机产生输入层与隐含层之间的连接权值 w 和隐含层神经元的阈值 b。预测值计算如下[127]:

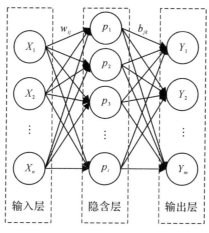

图 2-3　ELM 结构

$$T(x) = \sum_{l=1}^{L} h_l(x)\beta_l = \sum_{l=1}^{L} g(w_l x_i + b_l)\beta_l$$

$$\beta = \boldsymbol{H}^+ Y = \boldsymbol{H}^{\mathrm{T}} (\boldsymbol{H}\boldsymbol{H}^{\mathrm{T}})^{-1} Y$$

$$\varepsilon = \sum_{l=1}^{L} g(\omega_l x_i + b_l)\beta_l - y$$

$$\mathrm{argmin} \mid \varepsilon \mid^2 = \| \boldsymbol{H}\beta - Y \|^2 \qquad (2\text{-}7)$$

式中，$T(x)$ 是 ELM 的输出值；x_i 是输入自变量；β_l 是输出的权值；l 是隐含层的层数；$h_l(x)$ 是隐含层函数；$g(\cdot)$ 是激活函数；y 是期望输出，$Y = \{y_1, y_2, \cdots, y_l\}$；$\varepsilon$ 是误差函数；$\boldsymbol{H}$ 是隐含层的输出矩阵，$\boldsymbol{H} = \{h_1(x), h_2(x), \cdots, h_l(x)\}$；$\boldsymbol{H}^+$ 是隐含层输出矩阵的 Moore-Penrose 广义逆矩阵。

从公式(2-7)中可以看出，只需确定隐含层神经元的个数便可计算出预测值。其具体的 ELM 计算步骤如下[128]：① 人为确定隐含层的神经元数量，随机产生输入层与隐含层间的连接权值 w 和隐含层神经元的阈值 b；② 确定一个可微的函数作为激活函数 $g(\cdot)$，计算出隐含层的输出矩阵 $\boldsymbol{H}$；③ 通过公式(2-7)计算出输出权值 β_l，计算出预测值。从上述计算步骤中可以看出，ELM 的预测能力取决于随机生成的权值和阈值，故不同的样本学习缺乏针对性，预测效果时好时坏。因此针对该网络的缺陷，需要采用优化算法(如粒子群优化算法)来选取合适的权值和阈值，以降低计算过程的复杂性。

2.2   三种优化算法及有限混合方法

2.2.1   交叉验证算法

交叉验证算法是一种在数据分析时用来验证模型预测性能的统计分析方法[129]。其基本思路是将数据集分解成若干份小数据集,然后分别在每份小数据集中进行训练-预测循环,以此往复,直到每份小数据集验证完毕,该过程被称为交叉验证[130]。交叉验证算法包括简单交叉验证算法[131]、K 重交叉验证算法[132] 和留一验证算法(leave-one-out cross validation,LOO-CV)[133]。简单交叉验证算法是将数据集随机分解成训练样本和测试样本进行计算,并选取误差值最小的模型作为预测模型;K 重交叉验证算法是将数据集分解成 K 份小数据集,其中$(K-1)$ 份小数据集作为训练样本,剩下的 1 份小数据集作为测试样本,以此往复进行计算,选取最优的预测模型;留一验证算法是 K 重交叉验证算法的一种特殊形式,具有精度高、耗时增加等特点。

本节在 K-CV 框架下,用网格划分来计算 GRNN 中的光滑参数 $\sigma(K=10)$,并选取均方误差(mean squard error,MSE) 作为 GRNN 中的适应度函数,即均方误差越小,预测精度越高[134]:

$$F_{\text{CV-GRNN}} = \frac{1}{n} \sum_{i=1}^{n} (T_i - Y_i)^2 \tag{2-8}$$

式中,n 是样本数;T_i 是 GRNN 中的训练输出值;Y_i 是期望值;$F_{\text{CV-GRNN}}$ 是适应度函数。

综合上述,基于 CV-GRNN 的时间序列预测模型算法如下。

输入:初始训练数据 $D = \{(x_i, y_i) \mid_{i=1}^{n}\}$
输出:根据 CV-GRNN 的输出值计算出在 t 时间下的预测值 y_t

1.建立 GRNN:设置平滑参数 σ
2.将数据集划分为 K 份
3.计算网络输出值:

$$E(y \mid X) = \frac{\sum\limits_{i=1}^{n} Y_i \exp\left\{-\dfrac{(\boldsymbol{X}-\boldsymbol{X}_i)^{\mathrm{T}}(\boldsymbol{X}-\boldsymbol{X}_i)}{2\sigma^2}\right\}}{\sum\limits_{i=1}^{n} \exp\left\{-\dfrac{(\boldsymbol{X}-\boldsymbol{X}_i)^{\mathrm{T}}(\boldsymbol{X}-\boldsymbol{X}_i)}{2\sigma^2}\right\}}$$

4.计算适应度函数:

$$F_{\text{CV-GRNN}} = \frac{1}{n} \sum_{i=1}^{n} (T_i - Y_i)^2$$

5.对平滑参数 σ 进行更新
6.重复步骤 3 ~ 5 的计算过程,直到满足迭代次数或误差精度
7.输出预测结果值

综上可知,当采用 CV 框架下的网格划分法对 GRNN 中的平滑参数进行更新时,首先利用 CV 将数据集划分成 K 份,通过不断地循环迭代求解出最优的平滑参数,如图 2-4 所示。根据 CV-GRNN 流程图可以看出,其主要包括两个步骤:① 将数据集划分成 K 份,对整个数据集进行训练预测;② 通过适应度函数更新平滑参数。

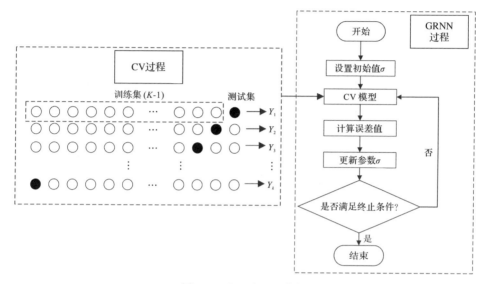

图 2-4　CV-GRNN 流程

2.2.2　遗传算法

遗传算法是目前常用的随机搜索最优算法之一,其以"优胜劣汰,适者生存"的原理对问题进行优化[135]。遗传算法通过适应度函数对个体分别进行选择、交叉和变异运算,从而保留最优个体,进而形成新的群体[136]。因此,BPNN 中的初始权值和初始阈值可以通过遗传算法进行优化。遗传算法通常包括以下几个步骤[137]。

(1) 种群初始化:BPNN 中,输入层与隐含层之间和隐含层与输出层之间的权值、隐含层和输出层的阈值在遗传算法中都是个体,这些个体可组成一个种群,遗传算法中用实数串对每一个体进行编码,从而得到初始种群。

(2) 适应度函数:根据种群初始化得到 BPNN 的初始权值和初始阈值,在预测模型中,通常以预测输出与期望输出之间的误差绝对值作为适应度函数:

$$F_{\text{GA-BP}} = \sum_{k=1}^{m} | t_{k\text{BP}} - y_{k\text{BP}} | \tag{2-9}$$

式中,m 是样本数量;$t_{k\text{BP}}$ 是 BPNN 的预测输出值;$y_{k\text{BP}}$ 是期望输出值;$F_{\text{GA-BP}}$ 是适应度函数。

（3）选择计算：根据适应度函数计算种群中个体的适应度值，适应度值高的个体将会被赋予高的选择概率，适应度值低的个体将会被赋予低的选择概率，从而实现优胜劣汰的准则。每一个体被选中的概率 p_k 可以通过下式计算：

$$f_k = \frac{1}{F_k}$$

$$p_k = \frac{f_k}{\sum\limits_{k=1}^{m} f_k} \tag{2-10}$$

（4）交叉计算：根据选择计算得出的新种群包含了大量的适应度值高的个体，因此在交叉计算过程中，通过交叉算子将各优质个体进行相互交叉得到新的子代个体，新的子代个体可能会继承两个父代中的优质基因，从而得到适应度值更高的个体。交叉算子计算如下：

$$c_1 = p_1 \times b + p_2 \times (1-b)$$

$$c_2 = p_1 \times (1-b) + p_2 \times b \tag{2-11}$$

式中，p_1 和 p_2 为父代个体；c_1 和 c_2 为子代个体；b 为 $[0,1]$ 间的随机数。

（5）变异计算：在交叉计算的过程中，父代个体基因会发生突变，从而保证了种群的多样性。要避免交叉计算后子代个体继承两个父代中的劣质基因，进而得到局部最优解，从而实现全局最优解。变异算子计算如下：

$$c = \begin{cases} [p(1:s-1), B(s,1), p(s+1:\mathrm{end})], d_m = 0 \\ [p(1:s-1), B(s,2), p(s+1:\mathrm{end})], d_m = 1 \end{cases}$$

$$d_m = \begin{cases} 0, & b < 0.5 \\ 1, & b > 0.5 \end{cases} \tag{2-12}$$

式中，s 为父代个体基因中随机生成的变异点位置；$B(s,1)$ 和 $B(s,2)$ 分别为基因取值的上、下边界。

综合上述，基于 GA-BPNN 的时间序列预测模型算法如下。

输入：初始训练数据 $D = \{(x_i, y_i) \mid_{i=1}^{n}\}$

输出：根据 GA-BPNN 的输出值计算出在 t 时间下的预测值 y_t

---

1. 建立 BPNN：设置连接权值 ω，隐含层神经元的阈值 b

2. 初始化种群：确定种群大小并对个体进行编码

3. 计算适应度函数：

$$F_{\mathrm{GA\text{-}BP}} = \sum_{k=1}^{m} \mid t_{k\mathrm{BP}} - y_{k\mathrm{BP}} \mid$$

---

4. 对种群进行选择计算:

$$p_k = \frac{f_k}{\sum_{k=1}^{m} f_k}$$

5. 对种群进行交叉计算:

$$c_1 = p_1 \times b + p_2 \times (1-b)$$
$$c_2 = p_1 \times (1-b) + p_2 \times b$$

6. 对种群进行变异计算:

$$c = \begin{cases} [p(1:s-1), B(s,1), p(s+1:\text{end})], d_m = 0 \\ [p(1:s-1), B(s,2), p(s+1:\text{end})], d_m = 1 \end{cases}$$

7. 重复步骤 3 ～ 6 的计算过程,直到满足迭代次数或误差精度

8. 输出预测结果值

综上可知,当采用 GA 对 BPNN 中的初始阈值和初始权值进行更新时,GA 中的最优个体表示初始阈值和初始权值,该最优个体通过选择、交叉和变异等步骤保留下来,如图 2-5 所示。根据 GA-BPNN 流程图可以看出,其主要包括三个步骤: ① 随机生成初始权值和阈值;② 通过适应度函数在 GA 框架中修改权值和阈值; ③ 当网络预测输出与期望输出之间的差异值满足要求时停止计算。

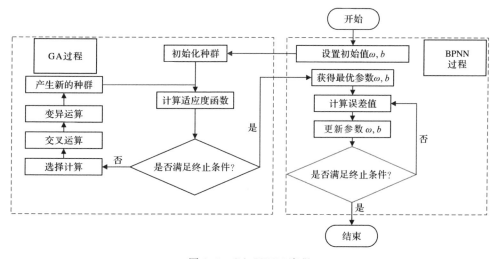

图 2-5　GA-BPNN 流程

2.2.3 粒子群优化算法

粒子群优化算法是目前常用的全局优化最优算法之一,其以"鸟类捕食行为"的原理对未知问题进行参数寻优[138]。粒子群优化算法会对每个粒子设置一个初始速度和位置,每个粒子各自的速度决定其飞行的方向和距离[139]。在飞行过程中,粒子通过适应度函数对自身速度和位置进行更新,即历史最优值和全局最优值[140]。因此,当给定目标函数时,可通过适应度函数得到粒子群优化算法中的每个粒子的适应度值,并根据适应度值的大小不断迭代每个粒子的位置和速度来寻找最优解。粒子群优化算法通常包括以下几个步骤[141]。

(1)粒子种群初始化:由 n 个粒子组成种群 $x = (x_1, x_2, \cdots, x_n)$,其中第 i 个粒子可表示为 $x_i = (x_{i1}, x_{i2}, \cdots, x_{in})$,代表第 i 个粒子在搜索空间中的位置。同时设定加速因子 c_1 和 c_2,该参数主要用于调整粒子飞行的步长,即计算出下一阶段粒子的速度与位置。

(2)适应度函数:根据适应度函数计算每个粒子在其空间中的适应度值。适应度函数可用 MSE 进行计算,即均方误差越小,预测精度越高,如下式所示:

$$F_{\text{PSO-ELM}} = \frac{1}{n} \sum_{i=1}^{n} (T_{\text{PSO-ELM}i} - Y_{\text{PSO-ELM}i})^2 \qquad (2\text{-}13)$$

式中,$T_{\text{PSO-ELM}i}$ 是 ELM 预测值;$Y_{\text{PSO-ELM}i}$ 是期望输出值;$F_{\text{PSO-ELM}}$ 是适应度函数。

(3)粒子的更新:将当前粒子适应度值与其个体最优值进行对比,假如当前值优于个体最优值,则对当前粒子的速度进行更新。同理,将当前粒子适应度值与群体最优值进行对比,假如当前值优于个体最优值,则对当前粒子所处的位置进行更新:

$$v_i(t+1) = \omega v_i(t) + c_1 r_1 [p_i(t) - x_i(t)] + c_2 r_2 [g_i(t) - x_i(t)]$$
$$x_i(t+1) = x_i(t) + v_i(t+1) \qquad (2\text{-}14)$$

式中,ω 是权值;$v_i(t)$ 是当前状态下的速度;$p_i(t)$ 是个体最优位置;$g_i(t)$ 是全局最优位置;$x_i(t)$ 是当前粒子的位置;c_1 和 c_2 是系数;r_1 和 r_2 是[0,1]间的随机数。

综合上述,基于 PSO-ELM 的时间序列预测模型算法如下。

输入:初始训练数据 $D = \{(x_i, y_i) \mid_{i=1}^{n}\}$

输出:根据 PSO-ELM 的输出值计算出 t 时的预测值 y_t

---

1. 建立 ELM:设置连接权值 w,隐含层神经元的阈值 b 及激活函数 $g(\cdot)$
2. 初始化种群:确定粒子的速度、位置和步长
3. 计算适应度函数:

$$F_{\text{PSO-ELM}} = \frac{1}{n} \sum_{i=1}^{n} (T_{\text{PSO-ELM}i} - Y_{\text{PSO-ELM}i})^2$$

---

4. 更新粒子速度和位置:

$$v_i(t+1) = \omega v_i(t) + c_1 r_1 \big[p_i(t) - x_i(t) \big] + c_2 r_2 \big[g_i(t) - x_i(t) \big]$$

$$x_i(t+1) = x_i(t) + v_i(t+1)$$

5. 重复步骤 3 ~ 4 的计算过程,直到满足迭代次数或误差精度

6. 进行一次矩阵逆运算:

$$\beta = \boldsymbol{H}^+ Y = \boldsymbol{H}^{\mathrm{T}} (\boldsymbol{H}\boldsymbol{H}^{\mathrm{T}})^{-1} Y$$

7. 输出预测结果值

综上可知,当采用 PSO 对 ELM 的权值和阈值进行更新时,PSO 中的个体最优位置表示权值,全局最优位置表示阈值,如图 2-6 所示。根据 PSO-ELM 流程图可以看出,其主要包括三个步骤:① 随机生成整个搜索空间中所有粒子的初始位置和初始速度;② 通过适应度函数更新当前的速度和位置,计算所有粒子的适应度值;③ 并将当前值与历史个体最优和历史全局最优进行比较,再更新粒子的速度和位置。

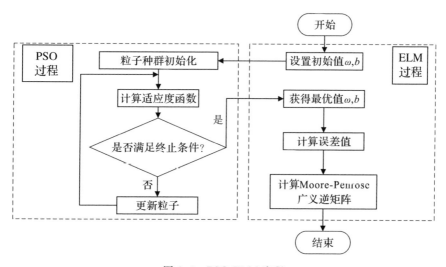

图 2-6 PSO-ELM 流程

2.2.4 有限混合方法

为了更好地发挥各机器学习方法的优点,提高预测模型的精度,本节提出一种将上述三种机器学习方法进行组合的方法,即有限混合。在有限混合方法中,最重要的是选取误差函数。误差值通常可以通过平均绝对误差(mean absolute error,

MAE)、平均绝对百分比误差(mean absolute percentage error，MAPE)、均方根误差(root mean squard error，RMSE)等误差函数计算得到。本节选取均方根误差作为有限混合中的误差函数:

$$P_{\mathrm{FM}n}(t) = \sum_{i=1}^{3} \omega_i P_{\mathrm{PM}in}(t)$$

$$e_{\mathrm{FM}n}(t) = P_n(t) - P_{\mathrm{FM}n}(t)$$

$$\min Q = \sum_{n=1}^{N} \left[e_{\mathrm{FM}n}(t) \right]^2 \tag{2-15}$$

式中，$P_{\mathrm{PM}in}(t)$ 代表第 i 个预测模型，如 $P_{\mathrm{PM}1n}$ 代表 GRNN，$P_{\mathrm{PM}2n}$ 代表 BPNN，$P_{\mathrm{PM}3n}$ 代表 ELM；$P_n(t)$ 是期望输出值；$P_{\mathrm{FM}n}(t)$ 是根据有限混合得到的预测值；ω_i 是第 i 个预测模型在有限混合中的权值，$\sum \omega_i = 1, 0 \leqslant \omega_i \leqslant 1$；$e_{\mathrm{FM}n}(t)$ 是预测值和期望值之间的误差；N 是样本数量。

拉格朗日(Layrange)方法是求解条件极值的一种常用方法，因此公式(2-15)的数值解可以根据下式计算得出:

$$Q_{\mathrm{FM}} = \sum_{n=1}^{N} \left[P_n(t) - \sum_{i=1}^{3} \omega_i P_{\mathrm{PM}in}(t) \right]^2 + \lambda \left(\sum_{i=1}^{3} \omega_i - 1 \right)$$

$$\frac{\partial Q_{\mathrm{FM}}}{\partial \omega_i} = \lambda - 2 \sum_{n=1}^{N} P_{\mathrm{PM}in}(t) \left[P_n(t) - \sum_{i=1}^{3} \omega_i P_{\mathrm{PM}in}(t) \right] = 0$$

$$\frac{\partial Q_{\mathrm{FM}}}{\partial \lambda} = \sum_{i=1}^{3} \omega_i - 1 = 0 \tag{2-16}$$

式中，λ 是拉格朗日算子；Q_{FM} 是拉格朗日方程。

综合上述，基于有限混合时间序列预测模型算法如下。

输入:初始训练数据 $D = \{ (x_i, y_i) \mid_{i=1}^{n} \}$

输出:根据有限混合的输出值计算出 t 时的预测值 y_t

---

1. 分别建立 GRNN、BPNN 和 ELM

2. 计算各网络的输出值与预测值的误差:

$$e_{\mathrm{FM}n}(t) = P_n(t) - P_{\mathrm{FM}n}(t)$$

3. 计算各网络所占的权值:

$$\frac{\partial Q_{\mathrm{FM}}}{\partial \omega_i} = \lambda - 2 \sum_{n=1}^{N} P_{\mathrm{PM}in}(t) \left[P_n(t) - \sum_{i=1}^{3} \omega_i P_{\mathrm{PM}in}(t) \right] = 0$$

$$\frac{\partial Q_{\mathrm{FM}}}{\partial \lambda} = \sum_{i=1}^{3} \omega_i - 1 = 0$$

4. 输出预测结果值

　　综上可知,有限混合方法的特点是不需要重复迭代进行计算,计算效率高、操作方便,只需要结合三种机器学习的训练、预测结果便可进行组合计算,如图 2-7 所示。根据有限混合流程图可以看出,其主要包括三个步骤:① 利用 GRNN、BPNN 和 ELM 分别对样本集进行训练;② 将各模型的预测值进行组合,计算组合值与期望值的差值;③ 将差值代入拉格朗日方程中进行计算,计算出各模型所占的权值,建立有限混合。

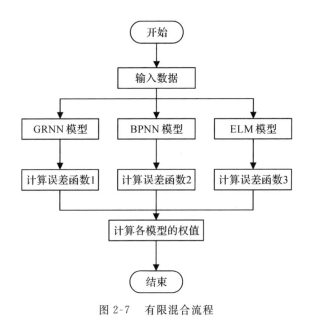

图 2-7　有限混合流程

2.3　基于机器学习方法的风速预测

2.3.1　桥梁健康监测系统

　　九堡大桥位于浙江省杭州市钱塘江七格弯道处,距上游的钱江二桥 5km,下游的钱江六桥 8km,跨越钱塘江,连接杭州主城区和萧山经济开发区,是杭州快速路网系统的重要节点工程。大桥全长 1855m,桥面为双向六车道,设计车速为 80km/h。主桥部分采用 3m×210m 的跨径组合梁-拱组合体系,引桥部分采用 85m 跨径的大悬臂截面组合箱梁,如图 2-8 所示。

　　九堡大桥上安装了风速风向传感器监测系统,如图 2-9 所示。从图中可以看出,九堡大桥桥面以上 6m 处的风场监测系统共有三个风速风向传感器:一个超声式风速风向传感器(ultrasonic anemometer,UAN),两个机械式风速风向传感器(mechanical anemometer,ANE)。超声式风速风向传感器(UAN_L6)采用 Wind Master Sonic 型风速风向仪,风速量程为 $0 \sim 45\text{m/s}(\pm 0.3\text{m/s})$,风向量程为 $0 \sim 360°(\pm 3°)$,风速和风向分辨率分别为 0.1m/s 和 $1°$,采样频率均为 4Hz。机械式风速风向传感器(ANE_L4 和 ANE_L35)采用 PH100SX 型风速风向仪,其通过转子的转速推算风速,风速量程为 $0 \sim 60\text{m/s}(\pm 2\%)$,风向量程为 $0 \sim 360°(\pm 3°)$,风速和风向分辨率分别为 0.01m/s 和 $1°$,采样频率均为 0.1Hz。

图 2-8 九堡大桥

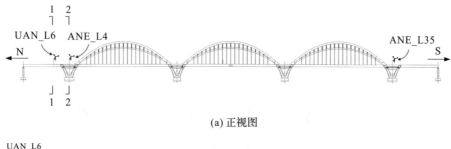

(a) 正视图

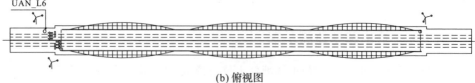

(b) 俯视图

图 2-9 风向风速传感器布置

本节选用 UAN 采集的风速数据对风场特征进行分析。此外,考虑到不同季节风速的物理变化特征不同和不同机器学习方法对不同季节风速的预测性能会有所不同这两方面原因,本书将全年风速分解成四个不同季节风速,并进行单独预测。

在排除部分缺失数据后,对监测到的风速数据进行分析:春季风速(取 2015 年 4 月 7 日至 5 月 7 日中每 10min 平均风速和每 10min 的极值风速)、夏季风速(取 2015 年 8 月 3 日至 8 月 30 日中每 10min 平均风速和每 10min 的极值风速)、秋季风速(取 2014 年 9 月 6 日至 10 月 6 日中每 10min 平均风速和每 10min 的极值风速)、冬季风速(取 2015 年 1 月 1 日至 1 月 25 日中每 10min 平均风速和每 10min 的极值风速),如图 2-10 所示。

　　由于 GRNN、BPNN 和 ELM 对输入数据格式有明确的要求,因此需要先对风速进行预处理和分类,主要包括以下三个步骤:① 按时间顺序对风速数据进行排列,建立时间序列模型;② 将前六个风速数据作为当前风速数据的标签;③ 在机器学习模型中进行训练,训练集占比 90%,当误差达到 0.00001 时或者迭代 1000 次后停止训练,然后利用所建立的模型预测下一阶段的风速。

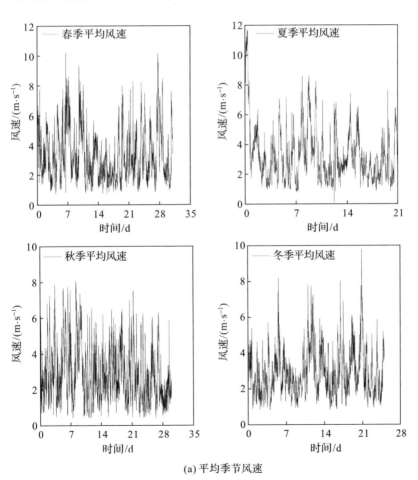

(a) 平均季节风速

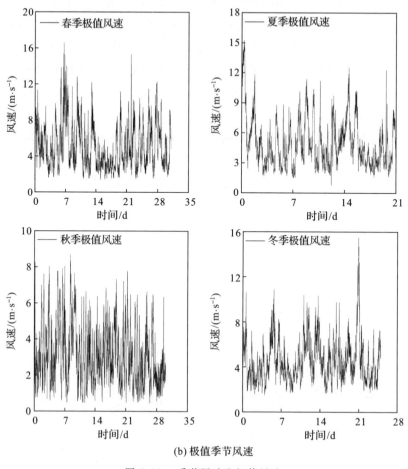

(b) 极值季节风速

图 2-10　季节风速和极值风速

2.3.2　三种预测性能评价指标

为了对预测模型的预测性能进行准确评价,分别以平均绝对误差、平均绝对百分比误差和均方根误差作为评价指标。MAE 模型:测试集中预测误差绝对值的平均值,每个预测误差由期望值和预测值之间的差值表征。MAPE 模型:在平均绝对百分比模型的基础上再除以期望值,其评价性能与平均绝对百分比模型相同。RMSE 模型:根据预测值和期望值的差值的平方根进行表征,能够很好地反映预测模型的预测性能。上述三种评价指标模型表示如下:

$$\mathrm{MAE} = \frac{1}{N}\sum_{t=1}^{N} \mid P_{\mathrm{EO}t} - P_{\mathrm{PO}t} \mid$$

$$\mathrm{MAPE} = \frac{1}{N} \sum_{t=1}^{N} \frac{|P_{\mathrm{EO}t} - P_{\mathrm{PO}t}|}{P_{\mathrm{EO}t}}$$

$$\mathrm{RMSE} = \sqrt{\frac{1}{N} \sum_{t=1}^{N} (P_{\mathrm{EO}t} - P_{\mathrm{PO}t})^2} \qquad (2\text{-}17)$$

式中，N 为样本数；$P_{\mathrm{EO}t}$ 为期望值；$P_{\mathrm{PO}t}$ 为预测模型的输出预测值。

2.3.3　风速预测结果

2.3.3.1　春季风速预测

用 GRNN、BPNN、ELM、CV-GRNN、GA-BPNN、PSO-ELM 和 FM 建立的预测模型对春季平均风速进行预测，得到图 2-11。对图 2-11 中的预测性能进行评价得到图 2-12，从图 2-12 中可以看出，ELM 的预测精度高于 GRNN 和 BPNN，GRNN、BPNN 和 ELM 的 RMSE 分别为 0.1755，0.6428，0.2567。从图 2-12 中可以看出，基于 CV-GRNN、GA-BPNN、PSO-ELM 和 FM 建立的预测模型能够明显提高传统机器学习方法的预测精度。对于 CV-GRNN，其 MAE、MAPE 和 RMSE 比 GRNN 的评价指标值分别降低 60.94%，69.94%，53.00%；对于 GA-BPNN，其 MAE、MAPE 和 RMSE 比 BPNN 的评价指标值分别降低 33.90%，48.80%，3.39%；对于 PSO-ELM，其 MAE、MAPE 和 RMSE 比 ELM 的评价指标值分别降低 2.11%，−3.38%，5.70%。

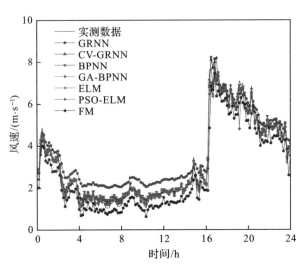

图 2-11　基于机器学习方法的春季平均风速预测

在 FM 中,ELM、GRNN 和 BPNN 的权重分别为 1,0,0,如表 2-1 所示。对于 FM,其 MAE、MAPE 和 RMSE 比 GRNN 的评价指标值分别降低 77.76%, 82.45%,72.70%;比 BPNN 的评价指标值分别降低 34.36%,46.00%,31.63%。 结果表明,FM 的预测性能取决于各传统机器学习方法的预测性能,但会优于各传统机器学习方法的预测性能。

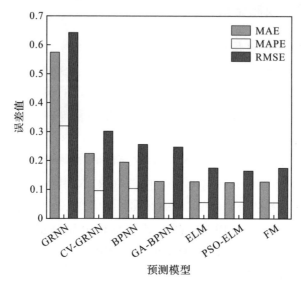

图 2-12　春季平均风速预测性能评价

表 2-1　FM 中各机器学习方法预测的各季节平均风速权重

季节	GRNN	BPNN	ELM
春季	0	0	1
夏季	0	0.4892	0.5108
秋季	0	0.4332	0.5668
冬季	0	0	1

用 GRNN、BPNN、ELM、CV-GRNN、GA-BPNN、PSO-ELM 和 FM 建立的预测模型对春季极值风速进行预测,得到图 2-13。对图 2-13 中的预测性能进行评价得到图 2-14,从图 2-14 中可以看出,ELM 的预测精度高于 GRNN 和 BPNN, GRNN、BPNN 和 ELM 的 RMSE 分别为 0.2124,0.6175,0.2499。从图 2-14 中可以看出,基于 CV-GRNN、GA-BPNN、PSO-ELM 和 FM 建立的预测模型能够明显提高单一网络的预测精度。对于 CV-GRNN,其 MAE、MAPE 和 RMSE 比 GRNN 的评价指标值分别降低 28.09%,32.89%,22.53%;对于 GA-BPNN,其 MAE、

MAPE 和 RMSE 比 BPNN 的评价指标值分别降低 6.42%，−4.93%，5.64%；对于 PSO-ELM，其 MAE、MAPE 和 RMSE 比 ELM 的评价指标值分别降低 2.26%，2.92%，0.37%。

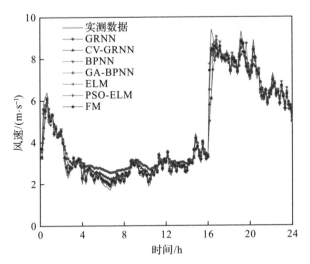

图 2-13　基于机器学习方法的春季极值风速预测

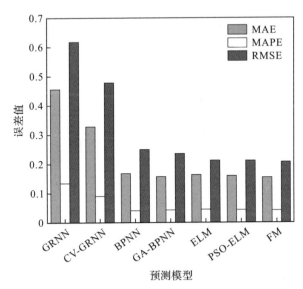

图 2-14　春季极值风速预测性能评价

在 FM 中，ELM、GRNN 和 BPNN 的权重分别为 0.7484，0，0.2516，如表 2-2 所示。对于 FM，其 MAE、MAPE 和 RMSE 比 GRNN 的评价指标值分别降低 66.14%，68.98%，66.45%；比 BPNN 的评价指标值分别降低 8.15%，−2.46%，

17.09%;比 ELM 的评价指标值分别降低 5.68%,6.52%,2.45%。结果表明,FM 的预测性能取决于各传统机器学习方法的预测性能,但会优于各传统机器学习方法的预测性能。

表 2-2　FM 中各机器学习方法预测的各季节极值风速权重

季节	GRNN	BPNN	ELM
春季	0	0.2516	0.7484
夏季	0	0.2178	0.7822
秋季	0	0.3382	0.6618
冬季	0	0.3657	0.6343

2.3.3.2　夏季风速预测

用 GRNN、BPNN、ELM、CV-GRNN、GA-BPNN、PSO-ELM 和 FM 建立的预测模型对夏季平均风速进行预测,得到图 2-15。对图 2-15 中的预测性能进行评价得到图 2-16,从图 2-16 中可以看出,对于 CV-GRNN,其 MAE、MAPE 和 RMSE 比 GRNN 的评价指标值分别降低 15.06%,14.26%,14.59%;对于 GA-BPNN,其 MAE、MAPE 和 RMSE 比 BPNN 的评价指标值分别降低 5.54%,11.06%,4.90%;对于 PSO-ELM,其 MAE、MAPE 和 RMSE 比 ELM 的评价指标值分别降低 7.31%,1.00%,7.18%。

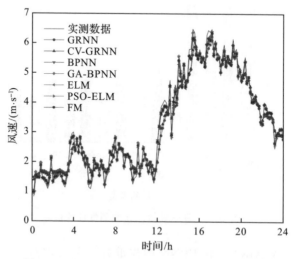

图 2-15　基于机器学习方法的夏季平均风速预测

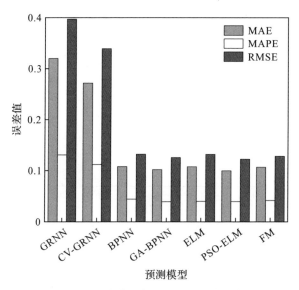

图 2-16　夏季平均风速预测性能评价

在 FM 中,ELM、GRNN 和 BPNN 的权重分别为 0.5108,0,0.4892,如表 2-1 所示。对于 FM,其 MAE、MAPE 和 RMSE 比 GRNN 的评价指标值分别降低 66.53%,68.19%,67.60%;比 BPNN 的评价指标值分别降低 1.20%,5.87%, 3.02%;比 ELM 的评价指标值分别降低 0.83%,−4.25%,2.80%。

用 GRNN、BPNN、ELM、CV-GRNN、GA-BPNN、PSO-ELM 和 FM 建立的预测模型对夏季极值风速进行预测,得到图 2-17。对图 2-17 中的预测性能进行评价得到图 2-18,从图 2-18 中可以看出,对于 CV-GRNN,其 MAE、MAPE 和 RMSE 比 GRNN 的评价指标值分别降低 −9.04%,−13.06%,1.40%;对于 GA-BPNN, 其 MAE、MAPE 和 RMSE 比 BPNN 的评价指标值分别降低 5.57%,7.80%, 5.12%;对于 PSO-ELM,其 MAE、MAPE 和 RMSE 比 ELM 的评价指标值分别降低 −2.40%,−18.95%,6.38%。

在 FM 中,ELM、GRNN 和 BPNN 的权重分别为 0.7822,0,0.2178,如表 2-2 所示。对于 FM,其 MAE、MAPE 和 RMSE 比 GRNN 的评价指标值分别降低 45.99%,40.50%,52.64%;比 BPNN 的评价指标值分别降低 4.70%,−10.00%, 16.34%;比 ELM 的评价指标值分别降低 −0.60%,−12.47%,7.93%。

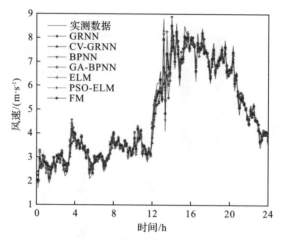

图 2-17　基于机器学习方法的夏季极值风速预测

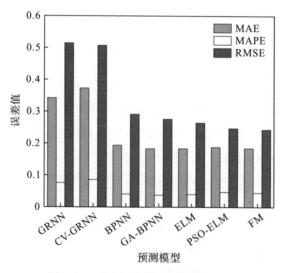

图 2-18　夏季极值风速预测性能评价

2.3.3.3　秋季风速预测

用 GRNN、BPNN、ELM、CV-GRNN、GA-BPNN、PSO-ELM 和 FM 建立的预测模型对秋季平均风速进行预测,得到图 2-19。对图 2-19 中的预测性能进行评价得到图 2-20,从图 2-20 中可以看出,对于 CV-GRNN,其 MAE、MAPE 和 RMSE 比 GRNN 的评价指标值分别降低 14.91%,14.68%,10.54%;对于 GA-BPNN,其 MAE、MAPE 和 RMSE 比 BPNN 的评价指标值分别降低 1.35%,3.35%,5.69%;对于 PSO-ELM,其 MAE、MAPE 和 RMSE 比 ELM 的评价指标值分别降低 13.08%,10.60%,22.16%。

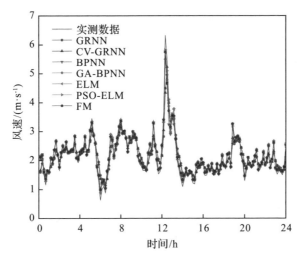

图 2-19　基于机器学习方法的秋季平均风速预测

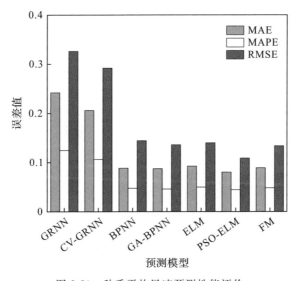

图 2-20　秋季平均风速预测性能评价

在 FM 中,ELM、GRNN 和 BPNN 的权重分别为 0.5668,0,0.4332,如表 2-1 所示。对于 FM,其 MAE、MAPE 和 RMSE 比 GRNN 的评价指标值分别降低 63.20%,61.19%,59.04%;比 BPNN 的评价指标值分别降低 0.56%,−1.47%,7.28%;比 ELM 的评价指标值分别降低 3.68%,3.20%,4.43%。

用 GRNN、BPNN、ELM、CV-GRNN、GA-BPNN、PSO-ELM 和 FM 建立的预测模型对秋季极值风速进行预测,得到图 2-21。对图 2-21 中的预测性能进行评价得到图 2-22,从图 2-22 中可以看出,对于 CV-GRNN,其 MAE、MAPE 和 RMSE

比 GRNN 的评价指标值分别降低 19.47%,14.65%,26.65%;对于 GA-BPNN,其 MAE、MAPE 和 RMSE 比 BPNN 的评价指标值分别降低 7.88%,7.26%,7.83%;对于 PSO-ELM,其 MAE、MAPE 和 RMSE 比 ELM 的评价指标值分别降低 6.77%,5.45%,4.52%。

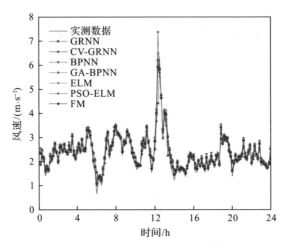

图 2-21　基于机器学习方法的秋季极值风速预测

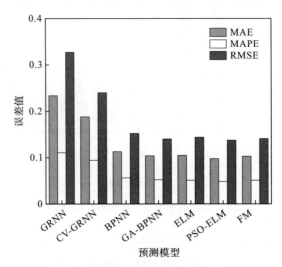

图 2-22　秋季极值风速预测性能评价

在 FM 中,ELM、GRNN 和 BPNN 的权重分别为 0.6618,0,0.3382,如表 2-2 所示。对于 FM,其 MAE、MAPE 和 RMSE 比 GRNN 的评价指标值分别降低 56.01%,53.62%,56.94%;比 BPNN 的评价指标分别降低 8.95%,9.20%,7.30%;比 ELM 的评价指标值分别降低 1.91%,0.19%,2.08%。

2.3.3.4 冬季风速预测

用 GRNN、BPNN、ELM、CV-GRNN、GA-BPNN、PSO-ELM 和 FM 建立的预测模型对冬季平均风速进行预测,得到图 2-23。对图 2-23 中的预测性能进行评价,得到图 2-24,从图 2-24 中可以看出,对于 CV-GRNN,其 MAE、MAPE 和 RMSE 比 GRNN 的评价指标值分别降低 5.70%,13.44%,4.84%;对于 GA-BPNN,其 MAE、MAPE 和 RMSE 比 BPNN 的评价指标值分别降低 21.29%,32.46%,19.29%;对于 PSO-ELM,其 MAE、MAPE 和 RMSE 比 ELM 的评价指标值分别降低 16.65%,17.62%,19.58%。

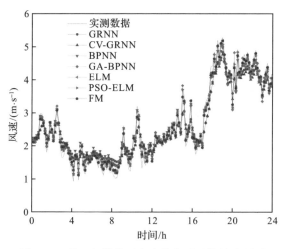

图 2-23 基于机器学习方法的冬季平均风速预测

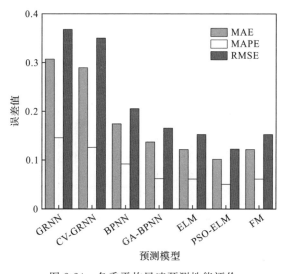

图 2-24 冬季平均风速预测性能评价

在 FM 中,ELM、GRNN 和 BPNN 的权重分别为 1,0,0,如表 2-1 所示。对于 FM,其 MAE、MAPE 和 RMSE 比 GRNN 的评价指标值分别降低 60.29%,57.96%,58.48%;比 BPNN 的评价指标值分别降低 30.06%,33.22%,25.62%。

用 GRNN、BPNN、ELM、CV-GRNN、GA-BPNN、PSO-ELM 和 FM 建立的预测模型对冬季极值风速进行预测,得到图 2-25。对图 2-25 中的预测性能进行评价得到图 2-26,从图 2-26 中可以看出,对于 CV-GRNN,其 MAE、MAPE 和 RMSE

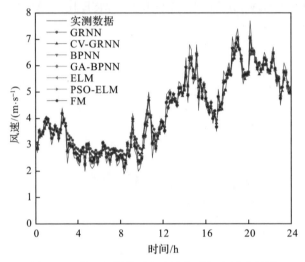

图 2-25　基于机器学习方法的冬季极值风速预测

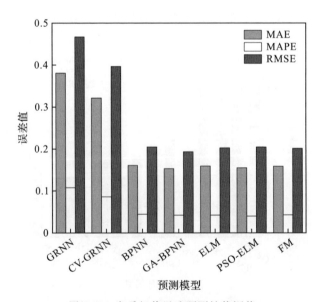

图 2-26　冬季极值风速预测性能评价

比 GRNN 的评价指标值分别降低 15.55％,20.26％,15.13％;对于 GA-BPNN,其 MAE、MAPE 和 RMSE 比 BPNN 的评价指标值分别降低 4.72％,5.18％, 5.61％;对于 PSO-ELM,其 MAE、MAPE 和 RMSE 比 ELM 的评价指标值分别降低 2.57％,5.67％,−1.037％。

在 FM 中,ELM、GRNN 和 BPNN 的权重分别为 0.6343,0,0.3657,如表 2-2 所示。对于 FM,其 MAE、MAPE 和 RMSE 比 GRNN 的评价指标值分别降低 58.25％,60.22％,56.87％;比 BPNN 的评价指标值分别降低 1.24％,3.60％, 1.66％;比 ELM 的评价指标值分别降低 0.25％,−1.18％,0.54％。

2.4　本章小结

本章探讨了七种机器学习方法(GRNN、BPNN、ELM、CV-GRNN、GA-BPNN、PSO-ELM 和 FM)在风速预测中的应用。CV-GRNN、GA-BPNN 和 PSO-ELM 基于优化算法对神经网络的权值和阈值进行修正更新;FM 是基于 GRNN、BPNN 和 ELM 的一种组合机器学习方法。九堡大桥上的风速风向传感器监测到的数据,验证了上述机器学习方法在风速预测中的适用性,得出以下几个结论:①基于优化算法的机器学习方法和组合机器学习方法的预测性能要优于传统的机器学习方法(GRNN、BPNN、ELM),因此将优化算法与传统机器学习方法相结合,可以提高模型的预测性能;②对于传统机器学习方法,ELM 的预测性能要优于 GRNN 和 BPNN,对于优化算法的机器学习方法,PSO-ELM 的预测性能要优于 CV-GRNN 和 GA-BPNN;③FM 的预测性能取决于各传统机器学习方法的预测性能,但会优于各传统机器学习方法的预测性能,即模型整体预测性能优于单一模型预测性能,并且 FM 的预测性能与基于优化算法的机器学习方法的预测性能相似。

第 3 章
基于高斯先验的贝叶斯模型的风速概率预测

第 2 章提出了基于机器学习方法的风速长期预测模型,并将九堡大桥的季节平均风速数据和季节极值风速数据用于训练和预测。尽管采用交叉验证算法、遗传算法和粒子群优化算法能够提高各机器学习方法的预测性能,但各优化算法中的参数和迭代次数是需要人为设置的,因此仍然具有不确定性。与确定性模型相比,概率模型是一种基于不确定性理论的风速预测方法,并且能够量化所涉及的参数不确定性[32]。其中,贝叶斯模型是一种常见的概率模型,其根据已有的先验信息对数据集进行推理,并以概率的形式计算出参数值。Yang 等[142]使用贝叶斯模型和简单线性回归方法对气象模型中的参数进行不确定分析与预测。Perez-Ramirez 等[143]采用贝叶斯正则化方法对优化后的神经网络模型进行训练,结果表明改进后的模型具有较好的预测精度。Sevieri 等[144]分析了参数不确定性对案例计算结果的影响,并提出在评估结构安全状态时必须考虑参数的不确定性。

贝叶斯模型包括先验分布和似然分布,先验分布反映参数的先验信息,似然分布定义了从模型中观察到测量值的可能性[145]。基于先验分布和似然分布可以计算出后验分布,后验分布充分反映了未知参数的概率分布。因此,解出后验分布便可计算得到未知参数的不确定性。但后验分布的表达式通常十分复杂,一般的求解方法很难将其准确地计算出来。目前求解后验分布的一种方法是马尔可夫链蒙特卡罗(Markov Chain Monte Carlo,MCMC)方法,该方法通过生成大量样本来近似求解后验分布[146]。Pepi 等[147]使用 MCMC 方法估计了所选模型参数的后验边缘概率密度函数。Lam 等[148]建立了基于 MCMC 的贝叶斯模型,并使用 MCMC方法生成样本来近似后验分布,确保了计算的后验分布的准确性。然而,近似后验分布的精度依赖于 MCMC 样本的数量,而 MCMC 样本的数量又取决于可用的计算能力。在海量监测风速数据的情况下,为了保证风速预测结果的准确性,MCMC需要产生大量样本,这就会大大增加计算成本。为了解决这一问题,Wan 等[149]提出了一种基于高斯过程(Gaussian Process,GP)的贝叶斯模型来对参数进行不确定性量化,结果表明该模型可以有效降低计算成本,并且基于高斯过程的贝叶斯方法能够根据预测均值和方差对预测响应值进行有效的分析评估。

　　本章基于九堡大桥的桥梁健康监测系统采集到的风场监测数据,对风速进行短期概率预测。首先,根据高斯过程推导均值和方差函数的解析解;其次,建立基于高斯过程的贝叶斯模型;最后,研究贝叶斯模型中的五种不同协方差:平方指数协方差(squared exponential,SE)、Matern 协方差(MA)、周期协方差(periodic exponential,PE)和混合协方差(SE+PE、MA+PE)对风速预测性能的影响。

3.1　基于高斯先验的贝叶斯模型

3.1.1　贝叶斯模型

　　Bayes[150]在 1763 年提出了贝叶斯理论,其通过对某事件的先验信息和之后所接收到信息来推断该事件的发生概率。如假设当前有两个不同的随机事件 A 和 B,并且事件 A 和事件 B 发生的概率均不为零,即边缘概率 $P(A)$ 和 $P(B)$ 均不为零。根据贝叶斯定理,两个随机事件 A 和 B 之间的概率为:

$$P(B)P(A \mid B) = P(B \mid A)P(A) \tag{3-1}$$

式中,$P(A \mid B)$ 为事件 B 已经发生的情况下事件 A 发生的概率,即事件 A 发生的条件概率;$P(B \mid A)$ 为事件 A 已经发生的情况下事件 B 发生的概率,即事件 B 发生的条件概率。

　　进一步,当有 n 个随机事件 $A_1,\cdots,A_n$ 时,对任一事件 B 有:

$$P(A_i \mid B) = \frac{P(A_iB)}{P(B)} = \frac{P(A_i)P(B \mid A_i)}{\sum_{i=1}^{n} P(A_i)P(B \mid A_i)} \tag{3-2}$$

　　从公式(3-2)可以看出,当已知事件 B 发生时可以推断出某随机事件的 A_i 发生的概率,即根据贝叶斯模型能够实现"执果溯因",如图 3-1 所示。

　　因此贝叶斯模型在许多已知结果但不知原因的工程领域应用广泛,如当预测模型中有未知的超参数时,可以根据贝叶斯模型进行概率计算:

$$f(\theta \mid x) = \frac{f(x \mid \theta)f(\theta)}{\int f(x \mid \theta)f(\theta)\mathrm{d}\theta} \propto f(x \mid \theta)f(\theta) \tag{3-3}$$

式中,θ 为模型中的未知参数;x 为新的观测数据;$f(\theta)$ 为获得新的观测数据之前未知参数的先验分布;$f(\theta \mid x)$ 为考虑新的观测数据之后的未知参数的后验分布;$f(x \mid \theta)$ 为条件似然函数;$f(\theta)(f(x \mid \theta)$ 积分后为常数,因而在表达后验分布比例关系中可以忽略。

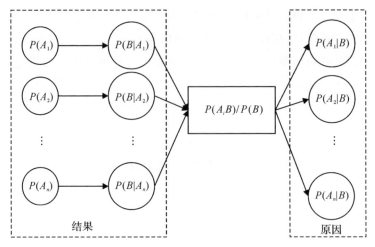

图 3-1　贝叶斯模型

可见,模型中的未知参数 θ 的发生概率可以通过该参数的联合概率来表示,未知参数 θ 的发生概率由其先验概率和条件概率(监测数据统计规律)乘积表示,如公式(3-3)所示。因此,未知参数可以通过其先验数据信息和后续新的监测数据推断得到。随着监测数据的逐渐增加,即获取新信息的增加,未知参数 θ 的后验概率分布也逐渐更新,如图 3-2 所示。

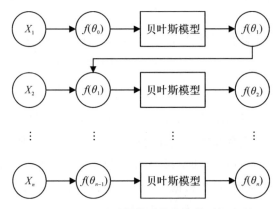

图 3-2　基于贝叶斯模型的超参数更新流程

3.1.2　高斯过程模型

3.1.2.1　高斯过程的定义

从公式(3-3)可以看出,贝叶斯模型包含先验函数和似然函数,而确定这些函数的表达式成为贝叶斯模型构建和求解的重要步骤。在大量数据背景下,任意随机变量的组合都可以用联合高斯分布进行表征,故用高斯函数来表征待求解的未知参数是非常可行的[151]。任意随机变量的组合用联合高斯分布进行表征的过程如下[152]。

假设存在 n 维多元正态随机向量 $\boldsymbol{X} \sim N_n(\mu, \boldsymbol{C})$,根据高斯函数定义,假设可以将该随机变量分解成多个高斯分布的集合,如 $X = \{X_1, X_2\}$,其中 $X_1 \sim N_m(\mu_1, \boldsymbol{C}_{11})$,$X_2 \sim N_{n-m}(\mu_2, \boldsymbol{C}_{22})$:

$$f(x) = \frac{1}{(2\pi)^{n/2} |\boldsymbol{C}|^{1/2}} \exp\left[-\frac{1}{2}(x-\mu)^{\mathrm{T}} \boldsymbol{C}^{-1}(x-\mu)\right]$$

$$= \frac{1}{(2\pi)^{n/2} |\boldsymbol{C}|^{1/2}} \exp\left[-\frac{1}{2}\sum_{i=1}^{2}\sum_{j=1}^{2}(x_i-\mu_i)^{\mathrm{T}} \boldsymbol{C}_{i,j}^{-1}(x_j-\mu_j)\right]$$

$$f(x_1) = \frac{1}{(2\pi)^{m/2} |\boldsymbol{C}_{11}|^{1/2}} \exp\left[-\frac{1}{2}(x_1-\mu_1)^{\mathrm{T}} \boldsymbol{C}_{11}^{-1}(x_1-\mu_1)\right]$$

$$f(x_2) = \frac{1}{(2\pi)^{(n-m)/2} |\boldsymbol{C}_{22}|^{1/2}} \exp\left[-\frac{1}{2}(x_2-\mu_2)^{\mathrm{T}} \boldsymbol{C}_{22}^{-1}(x_2-\mu_2)\right] \quad (3\text{-}4)$$

式中,$\boldsymbol{C} = \begin{bmatrix} C_{11} & C_{12} \\ C_{21} & C_{22} \end{bmatrix}$;$\boldsymbol{C}^{-1} = \begin{bmatrix} C_{11-2}^{-1} & -C_{11-2}^{-1}C_{12}C_{22}^{-1} \\ -C_{22}^{-1}C_{21}C_{11-2}^{-1} & C_{22}^{-1}+C_{22}^{-1}C_{21}C_{11-2}^{-1}C_{12}C_{22}^{-1} \end{bmatrix}$。

根据贝叶斯定理,可以得到在已知 x_2 的情况下,x_1 的条件概率密度函数为:

$$f(x_1 \mid x_2) = \frac{f(x)}{f(x_2)}$$

$$= \frac{1}{(2\pi)^{m/2} |\boldsymbol{C}_{11-2}|^{1/2}} \exp\left\{-\frac{1}{2}\left[\left(\sum_{i=1}^{2}\sum_{i=1}^{2}(x_i-\mu_i)^{\mathrm{T}} \boldsymbol{C}_{i,j}^{-1}(x_j-\mu_j)\right.\right.\right.$$

$$\left.\left.\left. -(x_2-\mu_2)^{\mathrm{T}} \boldsymbol{C}_{22}^{-1}(x_2-\mu_2)\right)\right]\right\} \quad (3\text{-}5)$$

式中,$\boldsymbol{C}_{11-2} = \boldsymbol{C}_{11} - \boldsymbol{C}_{12}\boldsymbol{C}_{22}^{-1}\boldsymbol{C}_{21}$。

进一步,将上式的指数部分进行分块矩阵的计算,可以化简为[153]:

$$\sum_{i=1}^{2}\sum_{j=1}^{2}(x_i-\mu_i)^{\mathrm{T}} \boldsymbol{C}_{i,j}^{-1}(x_j-\mu_j) - (x_2-\mu_2)^{\mathrm{T}} \boldsymbol{C}_{22}^{-1}(x_2-\mu_2)$$

$$= \left[(x_1-\mu_1) - \boldsymbol{C}_{12}\boldsymbol{C}_{22}^{-1}(x_2-\mu_2)\right]^{\mathrm{T}} \boldsymbol{C}_{11-2}^{-1}\left[(x_1-\mu_1) - \boldsymbol{C}_{12}\boldsymbol{C}_{22}^{-1}(x_2-\mu_2)\right] \quad (3\text{-}6)$$

从上式可知,条件概率密度 $f(x_1 \mid x_2)$ 仍然满足正态分布,即假设成立,并且其均值和方差分别为:

$$E(x_1 \mid x_2) = \mu_1 + \boldsymbol{C}_{12}\boldsymbol{C}_{22}^{-1}(x_2-\mu_2) = E(x_1) + \mathrm{Cov}(x_1,x_2)D^{-1}(x_2)[x_2-E(x_2)]$$

$$D(x_1 \mid x_2) = \boldsymbol{C}_{11-2}^{-1} = \boldsymbol{C}_{11} - \boldsymbol{C}_{12}\boldsymbol{C}_{22}^{-1}\boldsymbol{C}_{21} = D(x_1) - \mathrm{Cov}(x_1,x_2)D^{-1}(x_2)\mathrm{Cov}(x_2,x_1)$$

$$(3\text{-}7)$$

从上式可以看出,当一个 n 维多元随机向量满足正态分布时,其可通过两个及以上的正态分布表示,即输出变量的概率分布和条件分布下的输出变量概率分布都可以用正态分布进行表征。因此,在多超参数模型中,可以通过高斯过程推导获得模型中的解析解[154]。如存在一数据集 $D = \{x, y\}$,其中未知参数记为 $x = \{x_1, \cdots, x_n\}$,相应的响应值为 y。根据概率理论,均值和方差的表达式为:

$$\mu = E(y) = \int yp(y)\mathrm{d}y = \int \left[\int yp(y \mid x, D)\mathrm{d}y\right]p(x)\mathrm{d}x$$

$$\sigma^2 = E(y - \mu)^2 = \int y^2 p(y)\mathrm{d}y - \mu^2 = \int \left[\int y^2 p(y \mid x, D)\mathrm{d}y\right]p(x)\mathrm{d}x - \mu^2$$

$$(3\text{-}8)$$

当用高斯过程模型来表征未知参数与响应值之间的关系时,上式的高维积分形式可以得到简化[155]:

$$\mu = c\sum_{i=1}^{n}\alpha_i\prod_{k=1}^{d}I_k^i$$

$$\sigma^2 = c^2\left[\sum_{j=1}^{n}\sum_{i=1}^{n}(\alpha_i\alpha_j - C_{ij}^{-1})\prod_{k=1}^{d}N_{x_k^i}(x_k^i, 2l_k^2)I_k^{ij}\right] + \eta^2 - \mu^2 \qquad (3\text{-}9)$$

式中,$c = \eta^2(2\pi)^{\frac{d}{2}}\prod_{k=1}^{d}l_k$;$\Theta = \{l_1, \cdots, l_d, \eta\}$ 是协方差函数 C 中的超参数;I_k^{ij} 和 I_k^i 为一维积分,可以统一写成 $I = \int N_x(\zeta, \vartheta^2)P(x)\mathrm{d}x$。

从公式(3-9)可以看出,基于高斯过程可以将均值和方差的高维积分问题转变为一维积分问题,不仅能够提高计算效率,还能够推导出多超参数的解析解,得到更为精准的输出值。当公式(3-9)一维积分中的参数服从正态分布 $N_x(\xi, \theta^2)$ 时,一维积分的解析解为[156]:

$$I = N_{\zeta}(\xi, \vartheta^2 + \theta^2) \qquad (3\text{-}10)$$

当公式(3-10)一维积分中的参数服从均匀分布 $U(\underline{x}, \overline{x})$ 时,一维积分的解析解为:

$$I = \frac{1}{\overline{x} - \underline{x}}\left[\Phi\left(\frac{\overline{x} - \zeta}{\vartheta}\right) - \Phi\left(\frac{\underline{x} - \zeta}{\vartheta}\right)\right] \qquad (3\text{-}11)$$

当公式(3-11)一维积分中的参数服从其他分布时,可以根据高斯积分进行求解[157],即 $\int f(x)w(x)\mathrm{d}x = \sum_{i=1}^{m}w_i f(x_i)$。因此一维积分的解析解为:

$$I = \int N_x(\zeta, \vartheta^2)P(x)\mathrm{d}x \rightarrow I = \sum_{i=1}^{m}w_i N_{xi}(\zeta, \vartheta^2) \qquad (3\text{-}12)$$

3.1.2.2 基于高斯过程的预测模型的建立

基于高斯过程的贝叶斯模型中,其未知参数的先验信息服从高斯分布、未知参数的后验信息也服从高斯分布。因此,本章建立的风速概率预测模型中,假设有 n 个数

据集 $D = \{(x_i, y_i)\,|_{i=1}^n\}$，$x_i$ 为输入值，y_i 是输出值（x_i 代表时间，y_i 代表风速，即时间序列模型）。根据高斯过程的定义，当假设输出值服从高斯分布时，观测模型为：

$$y = f(x) + \varepsilon, \varepsilon \sim N(0, \sigma_n^2) \tag{3-13}$$

式中，$f(x)$ 为隐函数；ε 为噪声；σ_n^2 为误差值的方差。在高斯过程的假设中，隐函数的均值函数 $m(x)$ 和协方差函数 $C(x, x')$ 为：

$$m(x) = E[f(x)]$$
$$C(x, x') = E\{[f(x) - m(x)][f(x') - m(x')]\} \tag{3-14}$$

通常隐函数的均值函数为零，这是因为一方面零均值函数可以简化高斯过程模型的推导；另一方面当缺乏目标函数的先验信息时，均值函数应取零[158]。在公式（3-13）中，隐函数可以被表示为：

$$f(x) \sim N[m(x), C(x, x')] \tag{3-15}$$

为了更好地进行公式推导，记 $\boldsymbol{X} = \{x_i\}\,|_{i=1}^n$，$\boldsymbol{Y} = \{y_i\}\,|_{i=1}^n$，$f = f(\boldsymbol{X})$ 和 $f_* = f(x_*)$。其中，f_* 表示对一个不可观测点 x_* 的预测潜函数。进一步，根据上述的先验信息和高斯过程假设，可得到下列联合高斯分布：

$$\boldsymbol{p}(f, f_*) = N\left[\begin{bmatrix} 0 \\ 0 \end{bmatrix}, \begin{bmatrix} \boldsymbol{C} & \boldsymbol{C}_* \\ \boldsymbol{C}_*^{\mathrm{T}} & \widetilde{\boldsymbol{C}} \end{bmatrix}\right]$$
$$\boldsymbol{C} = C(\boldsymbol{X}, \boldsymbol{X})$$
$$\boldsymbol{C}_* = C(x_*, \boldsymbol{X})$$
$$\widetilde{\boldsymbol{C}} = C(x_*, x_*) \tag{3-16}$$

根据贝叶斯定理，观测值的联合后验分布为：

$$\boldsymbol{p}(f, f_* \mid \boldsymbol{Y}) = \frac{\boldsymbol{p}(f, f_*)\boldsymbol{p}(\boldsymbol{Y} \mid f)}{\boldsymbol{p}(\boldsymbol{Y})}$$
$$\boldsymbol{p}(\boldsymbol{Y} \mid f) = N(f, \sigma_n^2 \boldsymbol{I}_n) \tag{3-17}$$

式中，$\boldsymbol{I}_n$ 是一个 $n \times n$ 的单位矩阵。

根据条件概率分布的定义，当给定观测输出的 $\boldsymbol{Y}$ 值后，其预测输出 f_* 的后验分布为：

$$P(f_* \mid \boldsymbol{Y}) = \int \boldsymbol{p}(f, f_* \mid \boldsymbol{Y})\mathrm{d}f = \frac{1}{\boldsymbol{p}(\boldsymbol{Y})}\int \boldsymbol{p}(f, f_*)\boldsymbol{p}(\boldsymbol{Y} \mid f)\mathrm{d}f \tag{3-18}$$

根据高斯函数的定义，当上述方程中的所有项都具有高斯形式时，积分后的预测输出的后验分布也可以通过高斯分布进行表示：

$$\boldsymbol{p}(f_* \mid \boldsymbol{Y}) = N(\mu_{f_*}, \sigma_{f_*}^2) \tag{3-19}$$

在公式（3-19）中，其均值和方差为：

$$\boldsymbol{\mu}_{f_*} = \boldsymbol{C}_* \boldsymbol{K}^{-1}\boldsymbol{Y}$$
$$\boldsymbol{\sigma}_{f_*}^2 = \widetilde{\boldsymbol{C}} - \boldsymbol{C}_*^{\mathrm{T}}\boldsymbol{K}^{-1}\boldsymbol{C}_* \tag{3-20}$$

式中,$K = C + \sigma_n^2 I_n$。

从推导出的解析方程中可以看出,均值函数和协方差函数是高斯过程中的两个重要数据统计量,因此需要选择合适的均值函数和协方差函数来构建预测模型。

3.1.3 协方差函数

在贝叶斯模型中,协方差函数是其能够准确计算目标函数的重要函数,因此协方差函数的合理选取在预测模型中十分重要。协方差通常能够计算出任意两个输入点之间的相似性,也就是说协方差函数能够计算出任意输入点的相似性得分。Rasmussen 等[159] 总结了几种常用的协方差函数,如平方指数协方差、Matern 协方差、周期协方差等。SE 函数可以被表示为:

$$C_{\mathrm{SE}}(x,x') = \eta^2 \exp\left[-\frac{(x-x')^2}{2l^2}\right] \tag{3-21}$$

式中,η^2 是信号方差;l 是特征长度;协方差函数的参数 $\Theta = \{l_1,\cdots,l_d,\eta\}$ 被称为超参数。根据 SE 函数的定义可知,SE 函数可以使拟合函数具有无限可微的性质,即 SE 函数是一个非常平滑的函数。因此在使用 SE 函数进行先验信息表征时,需要模型中的函数(数据类型)是非常平滑的。

与 SE 函数相比,MA 函数可以使拟合函数具有二次可微的性质,但不是无穷可微的,也就是说 MA 函数对模型中的函数(数据类型)平滑度要求不高。因此 MA 函数更适合于对不平滑的函数进行建模,其可以被表示为:

$$C_{\mathrm{MA}}(x,x') = \eta^2 \left[1 + \sqrt{\frac{5(x-x')^2}{l^2}} + \frac{5(x-x')^2}{3l^2}\right] \exp\left[-\sqrt{\frac{5(x-x')^2}{l^2}}\right] \tag{3-22}$$

PE 函数适用于有周期性行为特征的函数,因此其对具有一定周期性性质的时间序列数据(如风速数据、温度数据等)能够更好地进行建模,其可以被表示为:

$$C_{\mathrm{PE}}(x,x') = \eta^2 \exp\left[-\frac{1}{2l^2}\sin^2\left(\frac{\pi x - \pi x'}{p}\right)\right] \tag{3-23}$$

式中,p 是周期特征。

为了更好地建立基于贝叶斯模型的风速预测方法,上述协方差函数可进行组合建模,得到混合协方差函数。由于 PE 函数具有周期性特征,因此本章将 PE 函数、SE 函数和 MA 函数进行组合来充分考虑数据中潜在的周期特征,SE + PE 混合协方差函数如下:

$$C_{\mathrm{SE+PE}}(x,x') = \eta_1^2 \exp\left[-\frac{(x-x')^2}{2l_1^2}\right] + \eta_2^2 \exp\left[-\frac{1}{2l_2^2}\sin^2\left(\frac{\pi x - \pi x'}{p}\right)\right] \tag{3-24}$$

MA＋PE 混合协方差函数如下：

$$C_{\mathrm{MA+PE}}(x,x') = \eta_1^2\left[1 + \sqrt{\frac{5(x-x')^2}{l_1^2}} + \frac{5(x-x')^2}{3l_1^2}\right]\exp\left[-\sqrt{\frac{5(x-x')^2}{l_1^2}}\right]$$
$$+ \eta_2^2\exp\left[-\frac{1}{2l_2^2}\sin^2\left(\frac{\pi x - \pi x'}{p}\right)\right] \tag{3-25}$$

在贝叶斯模型中分别选择上述五种协方差函数，并计算其所创建的预测函数，如图3-3所示。通过对比可知：①由 SE 函数创建的预测函数比由 MA 函数创建的预测函数要更平滑；②PE 函数具有周期性特征，并且能够对所创建的预测函数进行重复计算，直到达到所期待的精度为止；③混合协方差函数所创建的预测函数具有单一协方差函数的特征，即平滑且具有周期性，因此所创建的预测函数的输出值是各单一协方差函数的组合值。

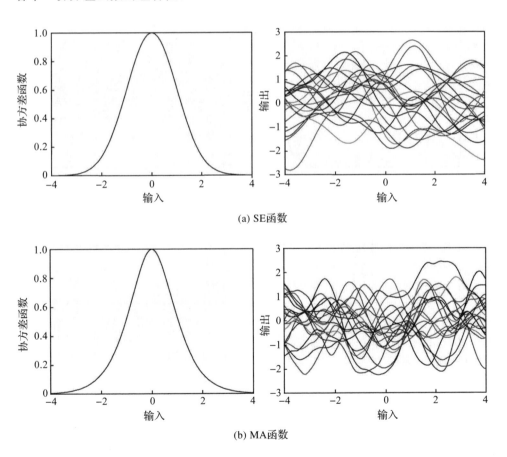

(a) SE函数

(b) MA函数

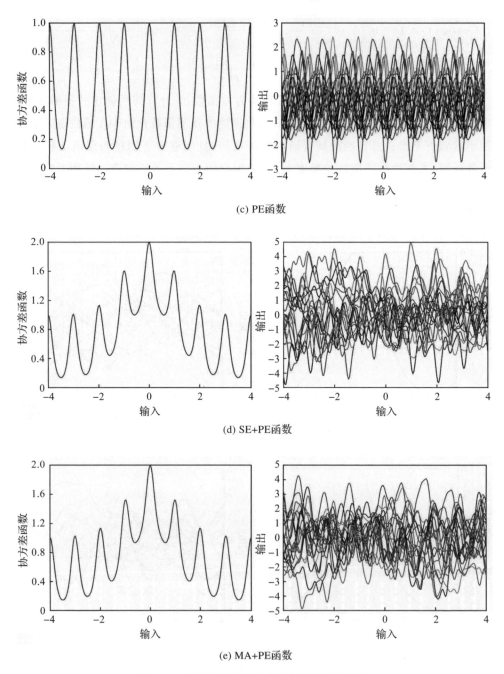

(c) PE函数

(d) SE+PE函数

(e) MA+PE函数

图 3-3 不同协方差函数和其创建的预测函数

3.1.4　超参数估计

基于高斯先验的贝叶斯模型的预测性能取决于所选择的协方差函数及协方差函数中的参数值(如信号方差 η^2、特征长度 l 等),这类参数在贝叶斯模型中统称为超参数 Θ。根据贝叶斯定理可知,在给定的参数情况下,极大似然估计能够计算出关于样本集的概率密度,进而找到使样本集概率密度值最大的参数。例如,模型输入数据为 X,输出数据为 y,所有的超参数的集合记为 Θ,根据贝叶斯定理可得:

$$P(\Theta \mid y, \boldsymbol{X}) = \frac{P(\boldsymbol{y} \mid \boldsymbol{X}, \Theta)P(\Theta)}{P(\boldsymbol{y} \mid \boldsymbol{X})} \tag{3-26}$$

根据高斯过程定义可知,模型假设训练输出数据 y 满足高斯联合分布,故其概率密度函数为:

$$P(\boldsymbol{y} \mid \boldsymbol{X}, \Theta) = \frac{1}{\sqrt{(2\pi)^n \mid \boldsymbol{K} \mid}} \exp\left(-\frac{1}{2}\boldsymbol{y}^{\mathrm{T}}\boldsymbol{K}^{-1}\boldsymbol{y}\right) \tag{3-27}$$

根据极大似然估计可知,$P(\boldsymbol{y} \mid \boldsymbol{X}, \Theta)$ 最大时所对应的超参数即为最优的超参数。但在极大似然估计中,为了方便计算,一般取概率密度的对数值作为似然函数。除此之外,为了利用梯度下降算法进行超参数优化,通常将求解似然函数的最大值转换为求其最小值,即最小化负对数边缘似然函数(negative log maximum likelihood,NLML)[160]。因此,本章为了能够有效评估贝叶斯模型中的超参数,通过 NLML 方法对超参数进行了计算:

$$\Theta = \underset{\Theta}{\operatorname{argmin}}(\Theta)$$

$$\boldsymbol{L}(\Theta) = \frac{1}{2}\boldsymbol{Y}^{\mathrm{T}}\boldsymbol{K}^{-1}\boldsymbol{Y} + \frac{1}{2}\lg \mid \boldsymbol{K} \mid + \frac{n}{2}\log(2\pi) \tag{3-28}$$

式中,$L(\Theta)$ 为超参数的负对数边缘似然函数。

从公式(3-28)可以看出,第一项数据观察值的拟合项即为超参数取值对训练样本的拟合程度;第二项为复杂度惩罚项,该项仅与协方差函数的形式及模型输入变量值有关,可以有效防止高斯过程中的过拟合问题;第三项为常数项[161]。因此,对该式中超参数进行求偏导数,得出关于超参数的解析解:

$$\frac{\partial \boldsymbol{L}(\Theta)}{\partial \Theta_i} = \frac{1}{2}\operatorname{tr}\left(\boldsymbol{K}^{-1}\frac{\partial \boldsymbol{K}}{\partial \Theta_i}\right) - \frac{1}{2}\boldsymbol{Y}^{\mathrm{T}}\boldsymbol{K}^{-1}\frac{\partial \boldsymbol{K}}{\partial \Theta_i}\boldsymbol{K}^{-1}\boldsymbol{Y} \tag{3-29}$$

式中,$\mid \cdot \mid$、$\operatorname{tr}(\cdot)$ 和 $(\cdot)^{\mathrm{T}}$ 分别表示对矩阵求行列式运算、对矩阵求迹运算和转置运算。

　　然后根据梯度下降算法计算上式偏导数的最小值，即计算出最优的超参数值。综上所述，基于高斯先验的贝叶斯模型的时间序列预测算法如下。

　　输入：初始训练数据 $D = \{(x_i, y_i) \,|_{i=1}^n\}$

　　输出：根据均值 μ 和方差 σ 计算出 t 时的预测值 y_t

---

1. 初始化均值 μ 和方差 σ

2. 选择协方差函数：SE、MA、PE、SE＋PE 和 MA＋PE，构建贝叶斯模型

3. 根据下式计算出 NLML 的值：

$$L(\Theta) = \frac{1}{2}Y^T K^{-1} Y + \frac{1}{2}\log|K| + \frac{n}{2}\log(2\pi)$$

$$\frac{\partial L(\Theta)}{\partial \Theta_i} = \frac{1}{2}\mathrm{tr}\left(K^{-1}\frac{\partial K}{\partial \Theta_i}\right) - \frac{1}{2}Y^T K^{-1}\frac{\partial K}{\partial \Theta_i}K^{-1}Y$$

4. 利用共轭梯度法求解 NLML 的优化问题，并推导出最优超参数集：

$$\Theta = \underset{\Theta}{\mathrm{argmin}}(\Theta)$$

5. 计算预测值的均值和方差：

$$\boldsymbol{\mu}_{f_*} = \boldsymbol{C}_* \boldsymbol{K}^{-1}\boldsymbol{Y}$$

$$\boldsymbol{\sigma}_{f_*}^2 = \widetilde{\boldsymbol{C}} - \boldsymbol{C}_* \boldsymbol{K}^{-1}\boldsymbol{C}_*$$

6. 更新均值 μ 和方差 σ

7. 更新训练数据集 $D = \{x, y\}$

　　采用移动窗口方法：$[x_{-1}, t_{n+1}] \to x$，$[y_{-1}, y_{n+1}] \to y$

　　不采用移动窗口方法：$[x, t_{n+1}] \to x$，$[y, y_{n+1}] \to y$

8. 重复步骤 $3 \sim 7$ 的计算过程，直到将采集到的数据全部计算完毕

9. 输出预测结果的均值 μ 和方差 σ

　　综上可知，基于高斯先验的贝叶斯模型的特点是循环使用数据集中的监测数据，能对模型的均值和方差不断进行更新，如图 3-4 所示。根据高斯-贝叶斯模型流程图可知，其主要包括四个步骤：① 选择一种协方差函数来定义贝叶斯模型；② 根据公式（3-28）和公式（3-29）来计算 NLML 及其偏导数；③ 为避免公式（3-28）的优化解陷入局部最优，为超参数分别设置多个初始值来计算；④ 最后根据公式（3-20）计算出预测值。

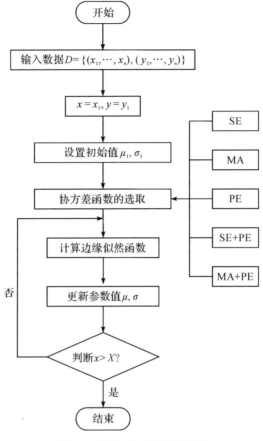

图 3-4　高斯-贝叶斯模型流程

3.2　基于贝叶斯模型的风速概率预测

3.2.1　基于移动窗口的贝叶斯模型

下面基于九堡大桥的机械式风速风向传感器所采集到的风速数据对基于高斯先验的贝叶斯模型预测方法进行验证。机械式风速风向传感器(ANE_L4 和 ANE_L35)采用 PH100SX 型风速风向仪,通过转子的转速推算风速,其风速量程为 0 ～ 60m/s(± 2m/s),风向量程为 0 ～ 360°(± 3°),风速和风向分辨率分别为 0.01m/s 和 1°,采样频率均为 0.1Hz。机械式风速风向传感器安装于主桥的西北角和东南角,安装高度距离桥面 6m,其风速风向传感器布置如图 3-5 所示。

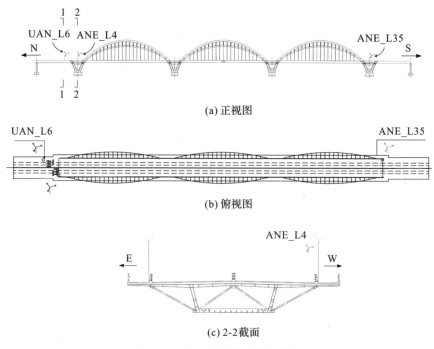

(a) 正视图

(b) 俯视图

(c) 2-2截面

图 3-5　风向风速传感器布置图

在风场监测过程中,由于不可避免地会出现数据缺失等现象,因此采用 2015 年 1 月连续监测到的风速数据进行应用。首先,将监测到的风速按时间排序,并取每 10min 的平均风速和极值风速,如图 3-6 所示。与第 2 章的时间序列预测方法不同,本节采用的概率预测模型是将时间作为预测模型的输入值,而不是风速;其次,该模型采用循环方法对风速进行预测,即此时的风速只与上一阶段的风速有关;最后,该模型采用的是贝叶斯模型预测方法,即对下一阶段的风速进行概率预测。

时间序列预测模型是随时间变化的一种动态模型,即越来越多的数据输入后,预测值会不断更新。因此,在建立特定的时间序列预测模型之前,首先需要对数据的格式进行处理,即将字符串格式的数据时间转换为数值格式,然后将日期时间的数值形式作为预测模型的输入值。日期时间的转换可以用 MATLAB 中的 datanum 函数来实现。但是随着时间的增加,监测到的风速数据会越来越多,时间序列预测模型的计算效率则会迅速降低。因此,为了解决这一问题,本节采用移动窗口策略来减小训练数据的规模,从而有效地解决计算量过大的问题,如图 3-7 所示。当窗口沿着数据滑动时,可通过加入最新的样本风速数据和排除最旧的样本风速数据来生成一个新的流程模型。在移动窗口策略下(本章的移动窗口设置为 10),采用一组距离预测点最近且大小固定的训练数据来构造贝叶斯模型,用贝叶斯模型进行推断与预测下一阶段的风速。

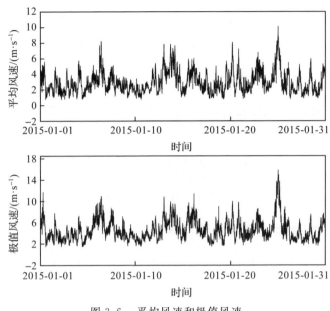

图 3-6　平均风速和极值风速

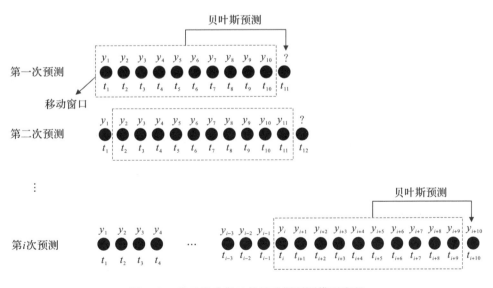

图 3-7　基于移动窗口的贝叶斯预测模型流程

3.2.2 短期风速概率预测模型的评价指标

为了定量评估不同协方差函数在风速预测中的性能,本节采用 RMSE 模型和平均似然(mean likelihood,ML)模型进行评价。RMSE 函数能够量化总体预测性能的准确性,RMSE 越小,预测模型的精度越高,RMSE 计算如下:

$$\text{RMSE} = \sqrt{\frac{1}{n}\sum_{i=1}^{n}(y_i - \mu_{y_i})^2} \tag{3-30}$$

当考虑预测方差的影响时,ML 函数能够量化预测模型的准确性,ML 的值越大,预测模型的精度越高,ML 计算如下:

$$\text{ML} = \frac{1}{n}\sum_{i=1}^{n} N(y_i \mid \mu_{y_i}, \sigma_{y_i}^2) \tag{3-31}$$

式中,y_i 是测试风速;μ_{y_i} 是基于贝叶斯模型预测得到的风速。

3.2.3 短期风速概率预测结果

基于不同协方差函数的贝叶斯模型对平均风速和极值风速的预测结果,分别如 图 3-8 和图 3-9 所示。从图中可以看出,基于 MA 函数的贝叶斯模型的预测值和基于 SE 函数的贝叶斯模型的预测值都要比基于 PE 函数的贝叶斯模型的预测值更贴近于实测值。这可能是因为平均风速和极值风速不具有周期性性质,并且风速数据本身的不确定性较强,没有表现出平滑的特征。由于 MA 函数和 SE 函数在建模过程中不考虑数据的周期性,更适于对此类数据进行预测。根据协方差函数的定义,MA 函数比 SE 函数更适于不平滑函数的建模,因此可以估计出基于 MA 函数的贝叶斯模型的预测值比基于 SE 函数的贝叶斯模型的预测值要更贴近于实测值。对于混合协方差(SE+PE,MA+PE)函数,根据定义,混合协方差函数是两种单一协方差函数组合而来,因此其能够获取各单一协方差函数的优点,但也能获取各单一协方差的缺点。由于 PE 函数在此类数据中的预测效果不佳,因此混合协方差函数一定程度上削减了预测性能。

将所得到的预测风速值与期望风速值进一步代入 RMSE 模型和 ML 模型中进行计算评估,如图 3-10 和图 3-11 所示。在对平均风速进行预测时,SE 函数的 RMSE 为 0.6808、ML 值为 0.5286;MA 函数的 RMSE 为 0.5989、ML 值为 0.6;PE 函数的 RMSE 为 0.7979、ML 值为 0.4466。可见,MA 函数的 RMSE 最小、ML 值最大。而对于 SE+PE 函数来说,其 RMSE 比单一协方差函数(SE、PE)要低,其值为 0.6357;并且 ML 值比单一协方差函数(SE、PE)都要高,其值为 0.5775。而对于 MA+PE 函数来说,其 RMSE 比 MA 函数要高,但比 PE 函数要低,其值为 0.6161;并且 ML

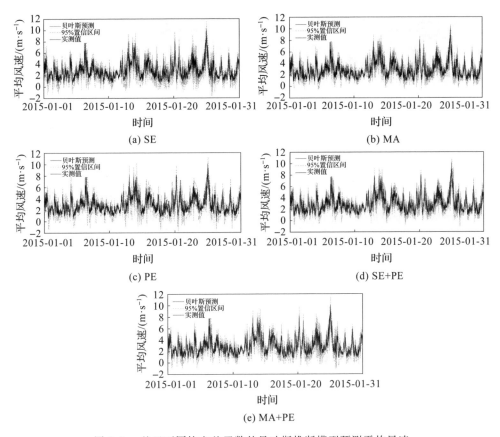

图 3-8　基于不同协方差函数的贝叶斯推断模型预测平均风速

值比 MA 函数要低,但比 PE 函数要高,其值为 0.5674。这说明对于不同的数据类型,混合协方差函数对模型的预测性能有着不同的效果。

　　同样的,在对极值风速进行预测时,SE 函数的 RMSE 为 0.8945、ML 值为 0.3941,MA 函数的 RMSE 为 0.8414、ML 值为 0.4149,PE 函数的 RMSE 为 1.04、ML 值为 0.3432。可见,MA 函数的 RMSE 最小、ML 值最大。而对于 SE＋PE 函数来说,其 RMSE 比 SE 函数要高,但比 PE 函数要低,其值为 0.9014;但 ML 值比单一协方差函数(SE、PE)都要高,其值为 0.3973。对于 MA＋PE 函数来说,其 RMSE 比 MA 函数要高,但比 PE 函数要低,其值为 0.8617;并且 ML 值比 MA 函数要低,但比 PE 函数要高,其值为 0.4103。

　　从上述结果可以看出,基于 MA 函数的贝叶斯模型在预测平均风速和极值风速时性能最好,这主要是因为 MA 函数对时间序列数据没有很强的平滑性假设。从图 3-6 的原始风速数据中也可以看出,原始平均风速和极值风速曲线并不是很平滑。因此对于这类数据来说,基于 MA 函数的贝叶斯模型预测性能要优于 SE 函数

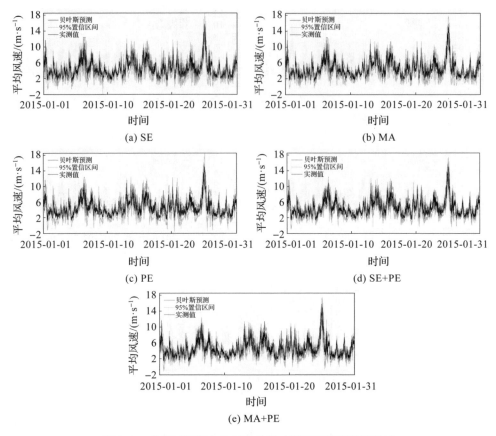

图 3-9 基于不同协方差函数的贝叶斯模型预测极值风速

和 PE 函数。一方面，由于原始风速数据没有很强的周期性特征，所以基于 SE 函数的贝叶斯模型预测性能要优于 PE 函数；另一方面，混合协方差函数是基于两种单一协方差函数组建而成的，因此其性能效果通常在两者之间甚至优于两种单一协方差函数。从评价结果中可以看出，基于 SE＋PE 函数的贝叶斯模型预测性能要优于 PE 函数，但要差于 SE 函数，这也能看出，基于 SE 函数的贝叶斯模型预测性能要优于 PE 函数。基于 MA＋PE 函数的贝叶斯模型预测性能要优于 PE 函数，但要差于 MA 函数，也能看出基于 MA 函数的贝叶斯模型预测性能要优于 PE 函数。

综合上述，针对本书的监测数据，基于 MA 函数的贝叶斯模型在预测平均风速和极值风速时性能最好。

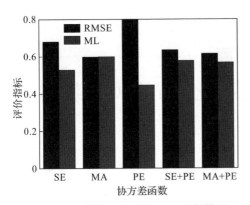
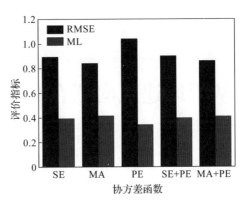

图 3-10　不同协方差函数下贝叶斯模型　　　　图 3-11　不同协方差函数下贝叶斯模型
　　　　的平均风速预测性能　　　　　　　　　　　　的极值风速预测性能

3.3　本章小结

　　本章建立了基于高斯先验的贝叶斯模型,并利用该模型对短期风速进行了概率预测。本章基于九堡大桥的桥梁健康监测系统所采集到的连续一个月的风速监测数据,验证了贝叶斯模型在预测风速方面的有效性,并研究了五种协方差(SE、MA、PE、SE＋PE 和 MA＋PE) 函数对风速预测性能的影响,得出以下结论:① 当监测风速数据不具有周期性规律和平滑特征时,在三个单一协方差(SE、MA 和 PE) 函数中,基于 MA 函数的贝叶斯模型的预测性能要优于基于 SE 函数和 PE 函数的贝叶斯模型的预测性能,即所预测得到的风速数据要更接近于实测风速数据;② 混合协方差函数是基于两种单一协方差函数组建而成的,因此其性能效果通常在两者之间甚至优于两种单一协方差函数,特别的,当风速数据不具有周期性规律时,基于混合协方差(SE＋PE 和 MA＋PE) 函数的贝叶斯模型不但没有提高预测性能,反而在一定程度上削减了预测性能;③ 针对不同数据类型应选择不同的协方差函数进行预测。在本章中,基于 MA 函数的贝叶斯模型的预测性能最好,这主要是因为 MA 函数更适合于对不平滑且周期性特征不强的数据进行建模预测。

第4章

基于风速风向联合有限混合分布的风荷载建模

　　前两章得出,结合各种机器学习方法及其优化算法能够对风速进行精准预测。但风速仅仅是风场环境中的一个变量,不能直接应用到实际工程设计中,因此得到风速数据后,应根据 GB 50009—2012《建筑结构荷载规范》或 JTG/T 3360-01—2018《公路桥梁抗风设计规范》对风速进行概率建模后计算出风荷载。对于风速变量,可以用概率密度函数(probability density functions,PDF)来描述其不确定性,如正态分布、对数正态分布、韦伯(Weibull)分布、莱利(Rayleigh)分布,以及耿贝尔(Gumbel)分布等[162]。许多研究人员通过计算对比发现,Gumbel 分布对风速建模更为可靠,即 Gumbel 分布能够有效地表示风速分布。Lee 等[163]发现,根据风玫瑰图计算风荷载时,基于 Gumbel 分布计算出的风荷载比基于 Weibull 分布计算出的风荷载更接近实际风荷载。我国 GB 50009—2012《建筑结构荷载规范》所使用的PDF 也为 Gumbel 分布。除了风速变量外,风向变量也是计算风荷载时应考虑的另一个重要因素[164]。Gallego 等[165]研究了风向对结构可靠度的影响,指出风向对结构可靠度有明显影响。Rigato 等[166]根据计算得出,在不考虑风向的情况下,风场对结构产生的效应会被高估。对于风向变量,通常采用冯·米塞斯(von Mises)分布来进行描述表征[167]。由于风场数据具有多模态、偏态、峰度和非均匀性等特点,单一的 PDF 无法很好地描述风速和风向的特征[168]。因此需要采用有限混合分布来描述具有多模态和非均匀性特征的分布[169]。

　　当分别得到风速和风向的统计概率分布后,研究人员做了大量的工作来构建风速风向联合概率密度函数(joint PDF,JPDF)。Johnson 等[170]利用风速和风向的边缘分布导出了一个 JPDF,即假设风速和风向为独立随机变量。然而,风速和风向独立的假设可能不成立。Fujino 等[171]指出,风速和风向之间存在相关性,JPDF 建模时应考虑相关性。为了考虑风速和风向之间的相关性,目前被广泛使用的模型有角度-线性(angular linear,AL)模型、法里-耿贝尔-莫根施特恩(Farlie - Gumbel - Morgenstern,FGM)模型、连接(Copula)函数等。然而,一方面 Copula 函数的计算过程非常复杂,另一方面当风速风向之间的相关性较高时,FGM 模型的有效性会降低[172]。因此,在大部分 JPDF 的建模过程中,AL 模型使用较为普遍。但 AL 模型中存在着大量的未知参数,因此对参数进行准确估计成为一个重要步骤[173]。在参数估计领域,有两种机器学习方法被广泛使用:最大期望(expectation maximization,EM)算法和遗传算法。

本章基于九堡大桥的桥梁健康监测系统所采集到的一年的风场数据,对极值风速、风向及其联合分布分别进行建模。其中,极值风速采用 Gumbel 分布进行描述,风向采用 von Mises 分布进行描述,联合分布采用 AL 模型进行描述。特别的,风速和风向都采用 FM 的方法,即 AL 模型由两个 FM 分布建立。对于 AL 模型中的未知参数,分别采用 EM 算法和 GA 进行计算。最后根据所得到的 JPDF,对风荷载进行建模与计算。

4.1　风速风向联合有限混合分布建模

4.1.1　有限混合分布模型

有限混合分布模型被广泛应用于两个及两个以上的概率分布所组成的组合分布,即 FM 分布模型由多个对应的 PDF 按照一定的权重组合而成,且权重和为 1[174]。假设有一组 d 维监测数据组 $y = [y_1, y_2, \cdots, y_d]$,其包含了 d 组数据量为 n 的一维连续或离散的监测数据 $y_i = [y_{i1}, y_{i2}, \cdots, y_{in}]$。当这组监测数据的概率分布服从有限混合分布时,其表达式如下[175]:

$$f(y \mid c,w,\theta) = \sum_{l=1}^{c} w_l f_l(y \mid \theta_l)$$

$$\sum_{l=1}^{c} w_l = 1 \qquad (4\text{-}1)$$

式中,$f(y \mid c,w,\theta)$ 为有限混合分布模型的 PDF;c 为混合分布模型总的组分数量;$\theta_l = [\theta_{1l}, \theta_{2l}, \cdots, \theta_{dl}]^{\mathrm{T}}$ 为混合分布中第 l 个组分 PDF 的参数组;w_l 为第 l 个组分所对应的权重;$f_l(y;\theta_l)$ 为第 l 个组分的 PDF。

4.1.2　基于有限混合分布的风速建模

极值理论被广泛用于描述风暴、洪水、风、海浪、地震等领域,其定义是在随机变量集中挑选出的各组极大值或极小值服从一特定的概率分布 $f(x)$[176]。如假设 $X_1, X_2, \cdots, X_n$ 为从总体 F 中抽出的独立同分布样本,并且满足 $X_n = \max(X_1, X_2, \cdots, X_n)$,即 X_n 为各组的极大值。根据极值理论,X_n 会服从 $G(x)$ 函数,即 $G(x)$

为极大值分布函数。其中Ⅰ型极值分布为 Gumbel 分布,其经常被用来模拟多个样本的最大值或最小值的分布,其表达式如下[177]:

$$f(x;\mu,\sigma) = \frac{1}{\sigma}e^{-\frac{x-\mu}{\sigma}}e^{-e^{-\frac{x-\mu}{\sigma}}}$$ (4-2)

式中,μ 为形状参数;σ 为尺度参数;x 为样本值。

考虑到风速通常具有多模态和非均匀性的特点,因此采用有限混合 Gumbel 分布对风速的 PDF 进行描述。具体来说,有限混合 Gumbel 分布是多个 Gumbel 分布的加权之和,其表达式如下:

$$f_{ws}(v;w,\mu,\sigma) = \sum_{k=1}^{m} w_k \frac{1}{\sigma_k}e^{-\frac{v-\mu_k}{\sigma_k}}e^{-e^{-\frac{v-\mu_k}{\sigma_k}}}$$

$$\sum_{k=1}^{m} w_k = 1$$ (4-3)

式中,v 为风速数据;w_k 是第 k 个权重;μ_k 是第 k 个形状参数;σ_k 是第 k 个尺度参数。

4.1.3 基于有限混合分布的风向建模

由于风向变量是一种角度变量,因此可以采用 von Mises 分布进行描述,该分布是一个从 0 到 2π 的连续概率分布,类似于高斯分布,只是坐标被放置在一个圆平面上。von Mises 分布的表达式如下[13]:

$$f(x;\alpha,\beta) = \frac{e^{\beta\cos(x-\alpha)}}{2\pi I_0(\beta)}$$ (4-4)

式中,x 为样本值;α 为位置参数;β 为集中参数;$I_0(\beta)$ 为零阶第一类修正 Bessel 方程,可通过下式计算:

$$I_0(\beta) = \frac{1}{2\pi}\int_0^{2\pi} e^{\beta\cos(\theta-\alpha)}d\theta$$ (4-5)

同样的,有限混合 von Mises 分布可以用来描述具有多模态和非均匀性的风向变量的 PDF,其表达式如下:

$$f_{wd}(\theta;\alpha,\beta,q) = \sum_{k=1}^{n} q_k \frac{e^{\beta_k\cos(\theta-\alpha_k)}}{2\pi I_0(\beta_k)}$$

$$\sum_{k=1}^{n} q_k = 1$$ (4-6)

式中,θ 为风向数据;w_k 为第 k 个权重;α_k 为第 k 个位置参数;β_k 为第 k 个集中参数。

4.1.4 基于有限混合分布的风速风向联合概率建模

AL 模型被广泛用于拟合联合概率函数,即可以同时模拟风速和风向的概率分布。AL 模型包含一个角度变量和一个线性变量,同时考虑双变量间的相关性,其表达式为[178]：

$$f(\theta,v) = 2\pi g(\delta) f_1(\theta) f_2(v) \tag{4-7}$$

式中，$f(\theta,v)$ 代表风速风向联合分布的 PDF，即 JPDF；$f_1(\theta)$ 为风向的 PDF；$f_2(v)$ 为风速的 PDF；$g(\cdot)$ 为耦合变量 δ 的 PDF，耦合变量代表风速和风向变量的相关性，其表达式如下：

$$\delta = 2\pi[F_1(\theta) - F_2(v)] \tag{4-8}$$

式中，$F_1(\theta)$ 和 $F_2(v)$ 分别代表风向和风速的累积分布函数，即对 PDF 进行积分求解。

由于风速的 PDF 分布和风向的 PDF 分布由有限混合 Gumbel 分布和有限混合 von Mises 分布描述得到，因此其构造的 AL 模型为：

$$f(\theta,v) = 2\pi g(\delta;\varphi,\eta,\omega) f_{\text{ws}}(v;w,\mu,\sigma) f_{\text{wd}}(\theta;\alpha,\beta,q)$$

$$\delta = \begin{cases} 2\pi(F_{\text{ws}}(v) - F_{\text{wd}}(\theta)), & F_{\text{ws}}(v) \geqslant F_{\text{wd}}(\theta) \\ 2\pi(F_{\text{ws}}(v) - F_{\text{wd}}(\theta) + 1), & F_{\text{ws}}(v) < F_{\text{wd}}(\theta) \end{cases} \tag{4-9}$$

式中，$g(\cdot)$ 也用有限混合 von Mises 分布描述；ω 代表权重；φ 代表位置参数；η 代表集中参数。

可见，通过 AL 模型可以建立风速和风向的 JPDF。显然，AL 模型包含很多待定参数，例如，有限混合 Gumbel 分布中的权重、形状参数和尺度参数；风向变量和耦合变量的有限混合 von Mises 分布中的权重、位置参数和集中参数。因此，需要对这些参数进行估计求解。

4.2　基于有限混合联合分布的风荷载计算

4.2.1　模型参数估计

4.2.1.1　最大期望算法

最大期望算法是求统计模型参数的极大似然或极大后验估计的迭代方法。EM 算法的迭代过程在执行期望（E）步骤（该步骤为对数似然的期望值创建函数）和最大化（M）步骤（该步骤通过最大化前一个 E 步骤定义的期望对数似然来估计参数）之间交替进行[179]。假设有一个不完整的监测数据 X 和一个丢失的数据，即监测不到的数据 Y。那么其完全数据似然函数可以写成：

$$L(\theta \mid X,Y) \triangleq P(X,Y \mid \theta) \tag{4-10}$$

式中，θ 为模型中的未知参数。

EM 算法的 E 步骤为计算公式(4-10)的对数似然函数的期望值:

$$Q(\theta,\theta^{i-1}) = E[\lg P(X,Y \mid \theta) \mid X,\theta^{i-1}]$$ (4-11)

式中,θ^{i-1} 为上一步中的参数值。

然后,采用 EM 算法的 M 步骤计算期望函数最大化值,得到最优模型参数:

$$\theta^i = \mathrm{argmax}Q(\theta,\theta^{i-1})$$ (4-12)

在 E 步骤和 M 步骤中循环迭代计算,其每一步迭代都能保证似然函数值增加,并且收敛到一个局部极大值,最终能够计算出最优参数值,其流程如图 4-1 所示。

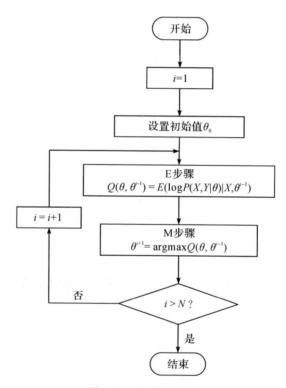

图 4-1　EM 算法流程

可以根据 EM 算法推导出有限混合概率密度函数中多参数的解析解[180]。假设有监测数据 $X = \{x_1, x_2, \cdots, x_n\}$,它们的有限混合概率密度函数可表示为:

$$P(x,\theta) = \sum_{i=1}^{M} \omega_i P_i(x \mid \theta_i)$$

$$\sum_{i=1}^{M} \omega_i = 1$$ (4-13)

则监测样本的对数似然函数的表达式为：

$$\lg(P(X\mid\theta)) = \lg\prod_{i=1}^{N}P(x_i\mid\theta) = \sum_{i=1}^{N}\lg\Big[\sum_{j=1}^{M}\omega_i P_i(x_i\mid\theta_j)\Big] \quad (4\text{-}14)$$

根据极大似然函数估计的定义可知，计算出的上式函数极大值所对应的 θ 即为待求解的参数值。但上式中存在着累加和表达式，又存在着对数函数，因此推导最大化公式(4-2)的解析方程十分困难。当监测数据 X 中存在一个不可观测的数 $Y=\{y_1,y_2,\cdots,y_n\}$，且各变量之间服从独立同分布时，公式(3-14)可以改写为：

$$\lg(P(X,Y\mid\theta)) = \lg\prod_{i=1}^{N}P(x_i,y_i\mid\theta) = \sum_{i=1}^{N}\lg(\omega_{y_i}P_{y_i}(x_i\mid\theta_{y_i})) \quad (4\text{-}15)$$

给定一个参数估计的初始值 $\theta^g=(\omega_1^g,\omega_2^g,\cdots,\omega_M^g;\theta_1^g,\theta_2^g,\cdots,\theta_M^g)$，可见初始值中包括权重和待求参数，其中假设待求参数服从高斯分布，即 $\theta_i^g\sim N(\mu_i,C_i)$，则完全数据的似然函数为[181]：

$$Q(\theta,\theta^g) = \sum_{l=1}^{M}\sum_{i=1}^{N}\lg[\omega_l P_l(x_i\mid\theta_l)]P(l\mid x_i,\theta^g) \quad (4\text{-}16)$$

经过 EM 算法中的 E 步骤和 M 步骤的迭代计算，可以推导出权重和待求参数的解析方程[182]：

$$\omega_l = \frac{1}{N}\sum_{i=1}^{N}P(l\mid x_i,\theta^g),\quad l=1,2,\cdots,M$$

$$\mu_i = \frac{\sum\limits_{i=1}^{N}x_i P(l\mid x_i,\theta^g)}{\sum\limits_{i=1}^{N}P(l\mid x_i,\theta^g)}$$

$$C_i = \frac{\sum\limits_{i=1}^{N}P(l\mid x_i,\theta^g)(x_i-\mu_l)(x_i-u_l)^{\mathrm{T}}}{\sum\limits_{i=1}^{N}p(l\mid x_i,\theta^g)} \quad (4\text{-}17)$$

根据 EM 算法能够推导出有限混合概率密度函数解析方程的通解，因此 AL 模型的解析表达式也能够被表示出来。AL 模型由有限混合 Gumbel 分布和有限混合 von Mises 分布组成，前者表征风速，后者表征风向及耦合变量。因此，分别对有限混合 Gumbel 分布和有限混合 von Mises 分布进行了 EM 算法求解。利用 EM 算法对有限混合 Gumbel 分布的参数估计步骤如下。

（1）初始化：随机生成初始参数值 w_k^0,μ_k^0,σ_k^0。

(2)E 步骤:有限混合 Gumbel 分布的对数似然可表示为:

$$
\lg(P(v \mid w,\mu,\sigma)) = \lg\left(\prod_{i=1}^{N}\sum_{k=1}^{m}f_{\mathrm{ws}}(v_i;w,\mu,\sigma)\right)
$$

$$
= \sum_{i=1}^{N}\lg\left(\sum_{k=1}^{m}f_{\mathrm{ws}}(v_i;w,\mu,\sigma)\right)
$$

$$
= \sum_{i=1}^{N}\sum_{k=1}^{m}\left[\gamma_{ik}\lg(f_{\mathrm{ws}}(v_i;\mu,\sigma))\right]
$$

$$
+ \sum_{i=1}^{N}\sum_{k=1}^{m}(\gamma_{ik}\lg w_k) \tag{4-18}
$$

式中,$\gamma_{ik} = \dfrac{w_k f_{\mathrm{ws}}(v_i;\mu,\sigma)}{\displaystyle\sum_{k=1}^{m}w_k f_{\mathrm{ws}}(v_i;\mu,\sigma)}$;$N$ 是观测数据的总数。

(3)M 步骤:对 E 步骤的函数进行 EM 算法求解,并用拉格朗日方法求解条件极值问题,即让期望函数对未知参数的偏导数为零,则可以得到有限混合 Gumbel 分布的参数表达方程:

$$
\frac{\partial\left[\left(\displaystyle\sum_{i=1}^{N}\sum_{k=1}^{m}\gamma_{ik}\lg w_k\right)+\lambda_{\mathrm{ws}}\left(\displaystyle\sum_{k=1}^{m}w_k-1\right)\right]}{\partial w_k} = 0
$$

$$
\sum_{i=1}^{N}\sum_{k=1}^{m}\frac{\partial\left[\gamma_{ik}\lg(f_{\mathrm{ws}}(v_i;\mu,\sigma))\right]}{\partial\mu_k} = 0
$$

$$
\sum_{i=1}^{N}\sum_{k=1}^{m}\frac{\partial\left[\gamma_{ik}\lg(f_{\mathrm{ws}}(v_i;\mu,\sigma))\right]}{\partial\sigma_k} = 0 \tag{4-19}
$$

式中,λ_{ws} 是拉格朗日算子。

根据解析方程的通解,对上式进行简化后,得到有限混合 Gumbel 分布的参数解析式:

$$
w_k = \frac{1}{N}\sum_{i=1}^{N}\gamma_{ik}
$$

$$
f(\mu,\sigma) = \sum_{i=1}^{N}\left[-\sigma_k+v_i-\mu_k+(\mu_k-v_i)\mathrm{e}^{\frac{\mu_k-v_i}{\sigma_k}}\right]\gamma_{ik} = 0
$$

$$
\mu_k = \sigma_k\ln\frac{\displaystyle\sum_{i=1}^{N}\gamma_{ik}}{\displaystyle\sum_{i=1}^{N}\gamma_{ik}\mathrm{e}^{-\frac{v_i}{\sigma_k}}} \tag{4-20}
$$

同样的,对风向的有限混合 von Mises 分布进行 EM 算法求解,其参数估计步骤如下。

(1)初始化:随机生成初始参数值 $q_k^0,\alpha_k^0,\beta_k^0$。

（2）E 步骤：有限混合 von Mises 分布的对数似然可表示为：

$$
\begin{aligned}
\lg(P(\theta \mid q,\alpha,\beta)) &= \lg\Big(\prod_{i=1}^{N}\sum_{k=1}^{n}f_{\text{wd}}(\theta_i;q,\alpha,\beta)\Big) \\
&= \sum_{i=1}^{N}\lg\Big(\sum_{k=1}^{n}f_{\text{wd}}(\theta_i;q,\alpha,\beta)\Big) \\
&= \sum_{i=1}^{N}\sum_{k=1}^{n}\big[\tau_{ik}\lg(f_{\text{wd}}(\theta_i;\alpha,\beta))\big] \\
&\quad + \sum_{i=1}^{N}\sum_{k=1}^{n}(\tau_{ik}\lg q_k)
\end{aligned}
\tag{4-21}
$$

式中，$\tau_{ik} = \dfrac{q_k f_{\text{wd}}(\theta_i;\alpha_k,\beta_k)}{\displaystyle\sum_{k=1}^{n}q_k f_{\text{wd}}(\theta_i;\alpha_k,\beta_k)}$。

（3）M 步骤：对 E 步骤的函数进行最大化期望计算，并用拉格朗日方法求解条件极值问题，即让期望函数对未知参数的偏导数为零，则可以得到有限混合 von Mises 分布的参数表达方程：

$$
\frac{\partial\Big[\Big(\sum_{i=1}^{N}\sum_{k=1}^{m}\tau_{ik}\lg q_k\Big)+\lambda_{\text{wd}}\Big(\sum_{k=1}^{m}q_k-1\Big)\Big]}{\partial q_k}=0
$$

$$
\sum_{i=1}^{N}\sum_{k=1}^{m}\frac{\partial\big[\tau_{ik}\lg(f_{\text{wd}}(\theta_i;\alpha,\beta))\big]}{\partial\alpha_k}=0
$$

$$
\sum_{i=1}^{N}\sum_{k=1}^{m}\frac{\partial\big[\tau_{ik}\lg(f_{\text{wd}}(\theta_i;\alpha,\beta))\big]}{\partial\beta_k}=0
\tag{4-22}
$$

式中，λ_{wd} 是拉格朗日算子。

根据解析方程的通解，对上式进行简化后，得到风向的有限混合 von Mises 分布的参数解析式：

$$
q_k = \frac{1}{N}\sum_{i=1}^{N}\tau_{ik}
$$

$$
f(\beta_k) = \frac{\displaystyle\sum_{i=1}^{N}\tau_{ik}\cos(\theta_i-\theta_0^k)}{\displaystyle\sum_{i=1}^{N}\tau_{ik}}=0
$$

$$
\alpha_k = \arctan\left|\frac{\displaystyle\sum_{i=1}^{N}\tau_{ik}\sin\theta_i}{\displaystyle\sum_{i=1}^{N}\tau_{ik}\cos\theta_i}\right|
\tag{4-23}
$$

同样的，对耦合变量的有限混合 von Mises 分布中的参数解析式可以表达为：

$$
\omega_k = \frac{1}{N}\sum_{i=1}^{N}\zeta_{ik}
$$

$$f(\eta_k) = \frac{\displaystyle\sum_{i=1}^{N} \zeta_{ik} \cos(\delta_i - \delta_0^k)}{\displaystyle\sum_{i=1}^{N} \zeta_{ik}} = 0$$

$$\varphi_k = \arctan\left[\frac{\displaystyle\sum_{i=1}^{N} \zeta_{ik} \sin\delta_i}{\displaystyle\sum_{i=1}^{N} \zeta_{ik} \cos\delta_i}\right] \tag{4-24}$$

式中,$\zeta_{ik} = \dfrac{\omega_k g(\delta_i; \varphi_k, \eta_k)}{\displaystyle\sum_{k=1}^{n} \omega_k g(\delta_i; \varphi_k, \eta_k)}$。

4.2.1.2　遗传算法

从 EM 算法的流程图可知,选取合适的初始值是 EM 算法中的关键,并且 EM 算法容易收敛到局部最优值。因此,对于超参数求解,遗传算法能够通过选择、交叉和变异等步骤搜索整个参数空间,以避免陷入局部最优值,从而计算出全局最优参数[183]。遗传算法中的选择、交叉和变异等步骤在第 2.2.2 节中已经进行阐述,在此不再赘述。在执行三个步骤之前,适应度函数的建立是最为重要的。适应度函数是根据相对最小化原理建立的。构造出风场数据(风速、风向)的真实分布,即由风场数据建立统计直方图,如下式所示[184]:

$$P_s = \frac{N_s}{N} \tag{4-25}$$

式中,P_s 为风场数据落入第 s 个区间的概率;N 为观测数据的总数;N_s 为第 s 个间隔内的观测数据。

对于风速的有限混合 Gumbel 分布,监测风速数据 v 落在第 s 个间隔内的概率可以通过下式计算:

$$\int f_{\mathrm{ws}}(v; w_k, \mu_k, \sigma_k)\mathrm{d}v \approx f_{\mathrm{ws}}(v; w_k, \mu_k, \sigma_k)\varepsilon_{\mathrm{ws},s} \tag{4-26}$$

式中,μ_k 和 σ_k 是有限混合 Gumbel 分布中的参数;w_k 是有限混合 Gumbel 分布中的权重;$\varepsilon_{\mathrm{ws},s}$ 表示第 s 个间隔风速的面积;v_s 是第 s 个间隔上所对应的风速数据。

对于风向的有限混合 von Mises 分布,监测风向数据 θ 落在第 s 个间隔内的概率可以通过下式计算:

$$\int f_{\mathrm{wd}}(\theta; q_k, \alpha_k, \beta_k)\mathrm{d}\theta \approx f_{\mathrm{wd}}(\theta_s; q_k, \alpha_k, \beta_k)\varepsilon_{\mathrm{wd},s} \tag{4-27}$$

式中,α_k 和 β_k 是有限混合 von Mises 分布中的参数;q_k 是有限混合 von Mises 分布中的权重;$\varepsilon_{\mathrm{wd},s}$ 表示第 s 个间隔风向的面积;θ_s 是第 s 个间隔上所对应的风向数据。

同样的,耦合变量的有限混合 von Mises 分布也可以通过上述方法计算:

$$\int g(\delta;\omega_k,\varphi_k,\eta_k)\mathrm{d}\delta \approx g(\delta_s;\omega_k,\varphi_k,\eta_k)\varepsilon_{\mathrm{g},s} \tag{4-28}$$

式中,φ_k 和 η_k 是有限混合 von Mises 分布中的参数;ω_k 是有限混合 von Mises 分布中的权重;$\varepsilon_{\mathrm{g},s}$ 表示第 s 个间隔耦合变量的面积;δ_s 是第 s 个间隔上所对应的耦合变量数据。

根据相对误差最小原则,建立风速、风向和耦合变量的适应度函数为:

$$L_v = \sum_{s=1}^{N_{\mathrm{ws}}} \left[P_{\mathrm{ws},s} - f_{\mathrm{ws}}(v_s;\omega_k,\mu_k,\sigma_k)\varepsilon_{\mathrm{ws},s} \right]^2$$

$$L_\theta = \sum_{s=1}^{N_{\mathrm{wd}}} \left[P_{\mathrm{wd},s} - f_{\mathrm{wd}}(\theta_s;q_k,\alpha_k,\beta_k)\varepsilon_{\mathrm{wd},s} \right]^2$$

$$L_\delta = \sum_{s=1}^{N_g} \left[P_{\mathrm{g},s} - g(\delta_s;\omega_k,\varphi_k,\eta_k)\varepsilon_{\mathrm{g},s} \right]^2 \tag{4-29}$$

式中,L_v、L_θ 和 L_δ 分别为风速、风向和耦合变量的适应度函数;N_{ws} 表示风速直方图的组数;N_{wd} 表示风向直方图的组数;N_g 表示耦合变量直方图的组数;$P_{\mathrm{ws},s}$、$P_{\mathrm{wd},s}$ 和 $P_{\mathrm{g},s}$ 分别为风速、风向和耦合变量数据落入第 s 个间隔的概率。

4.2.2　最优模型判断准则

为了判断包含不同权重和多变量的有限混合分布模型对风速、风向和耦合变量的拟合程度,需要通过判断准则来选择最优的权重数以避免出现欠拟合和过拟合现象。本节采用赤池信息准则(AIC)和可决系数(R^2)作为度量准则。AIC 值的计算基于似然函数,并且 AIC 值越小,预测模型越优,其表达式如下[185]:

$$\mathrm{AIC} = 2A - 2\ln(L) \tag{4-30}$$

式中,A 是有限混合分布模型中的权重数;L 是有限混合分布模型的似然函数值。

R^2 可以评估预测模型估计值和监测数据实际值之间的误差,并且 R^2 值越大,预测模型越优,其表达式如下:

$$R^2 = 1 - \frac{\sum_i (y_i - f_i)^2}{\sum_i (y_i - \bar{y})^2} \tag{4-31}$$

式中,y_i 为第 i 个观测数据值;f_i 为模型的预测输出值;$\bar{y}$ 为观测数据值的平均值。

4.2.3　风荷载计算

根据 GB 50009—2012《建筑结构荷载规范》的规定,采用极值 I 型分布,即 Gumbel 分布计算不同重现期下的基本风速。当重现期为 N 时,基本风速可通过下

式计算[186]:

$$F_G(v = U_N) = e^{-e^{-\frac{U_N-\mu}{\sigma}}} = 1 - \frac{1}{N} \tag{4-32}$$

上式化简后可以得到基本风速的解析表达式,根据基本风速还可以计算出基本风压:

$$U_N = \mu - \sigma \ln\left(\ln\frac{N}{N-1}\right) \tag{4-33}$$

式中,F_G 是 Gumbel 分布的累计分布函数;μ 和 σ 是 Gumbel 分布中的参数;U_N 是重现期 N 时的基本风速。

根据不同重现期下的基本风速,可以计算出风荷载(基本风压)[187]:

$$\omega = \frac{1}{2}\rho U_N^2 \tag{4-34}$$

式中,ω 为基本风压;ρ 为空气密度,通常取 1.293kg/m³。桥梁不同结构部位(如主梁、桥墩和吊索等)的风荷载应根据 JTG/T 3360-01—2018《公路桥梁抗风设计规范》进行计算。

上式没有考虑风向对重现期风荷载的影响,也没有考虑风速混合分布对重现期风荷载的影响。因此,需要采用联合概率分布模型来计算不同重现期下的基本风速。首先根据概率定理计算出给定风向的风速风向联合累计分布函数[188]:

$$F(v \mid \theta) = P(v \leqslant U_N^* \mid \theta = \theta_i) = \int_0^{U_N^*} \frac{f(v,\theta)}{f_\theta(\theta)} dv \tag{4-35}$$

式中,$f(v,\theta)$ 是风速风向联合概率密度函数;$f_\theta(\theta)$ 是 $f(v,\theta)$ 的边缘概率密度函数,可以通过下式计算:

$$f_\theta(\theta) = \int_0^\infty f(v,\theta) dv \tag{4-36}$$

将前几节得到的基于 AL 模型的风速风向联合概率密度函数代入上式后,可得:

$$F(v \mid \theta) = \int_0^{U_N^*} \frac{f(v,\theta)}{f_\theta(\theta)} dv = \int_0^{U_N^*} \frac{2\pi g(\delta) f_{ws}(v) f_{wd}(\theta)}{f_\theta(\theta)} dv$$

$$= \frac{2\pi f_{wd}(\theta)}{f_\theta(\theta)} \int_0^{U_N^*} g(\delta) f_{ws}(v) dv \tag{4-37}$$

从公式(4-2)可以看出,上式中的耦合变量函数 $g(\delta)$ 包含风速和风向两种变量,积分形式的解析解难以直接推导获得,因此本书采用数值迭代法进行求解。当获得风速风向联合作用下的累计分布函数时,便可以计算出重现期为 N 时的基本风速[189]:

$$F(v \mid \theta) = \frac{2\pi f_{wd}(\theta)}{f_\theta(\theta)} \int_0^{U_N^*} g(\delta) f_{ws}(v) dv = 1 - \frac{1}{N} \tag{4-38}$$

4.3 有限混合联合概率分布在风场建模中的应用

4.3.1 风场数据统计分析

为了验证提出的基于风速风向有限混合联合分布模型的适用性,本节选取九堡大桥桥梁健康监测系统中超声式风速风向传感器(UAN_L6)所采集的 2015 年全年风速风向监测数据。其中风速风向传感器的布置朝向为正北(N)方向,即所采集到的 0°风向为正北方向,如图 4-2 所示。

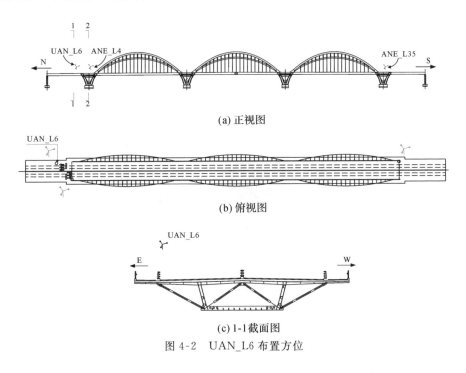

(a) 正视图

(b) 俯视图

(c) 1-1 截面图

图 4-2 UAN_L6 布置方位

排除因传感器故障导致的缺少数据后,共采集了 242 天的风场数据,每天包含 144 个风场数据样本。根据极值风速的定义,选择每小时最大风速及其对应的风向作为数据样本进行应用,其统计分析分别如图 4-3、图 4-4 和图 4-5 所示。从极值风速统计图中可以看出,2015 年全年,距离九堡大桥桥面高 6m 处每小时极值风速集中在 3m/s 附近。从极值风向所对应的风向统计图中可以看出,九堡大桥在 2015 年全年风向集中于桥梁的正东(E)方向附近。风玫瑰图是风速风向联合统计图,该图从正北(N)方向即 0°以顺时针方向统计各风向下风速的大小。

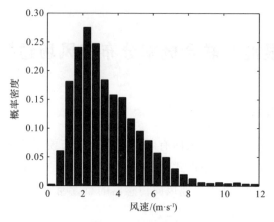

图 4-3 极值风速

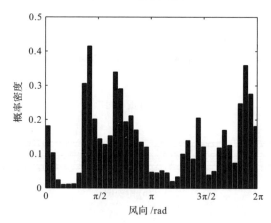

图 4-4 风向

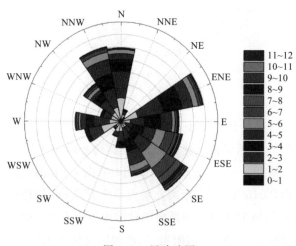

图 4-5 风玫瑰图

4.3.2　极值风速概率建模

根据 AIC 和 R^2 两种最优模型判断准则,可确定极值风速的有限混合 Gumbel 分布的最优权重数。其中有限混合 Gumbel 分布中的参数分别采用 EM 算法和 GA 进行计算。图 4-6 展示了 AIC 和 R^2 在有限混合 Gumbel 分布中的最优权重数。基于 EM 算法得到的有限混合 Gumbel 分布的最优权重数为 2,基于 GA 得到的有限混合 Gumbel 分布的最优权重数为 7。具体的,基于 EM 算法的 AIC 和 R^2 值分别为 22369 和 0.9902;基于 GA 的 AIC 和 R^2 值分别为 22348 和 0.9957。

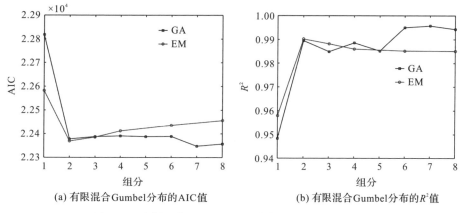

(a) 有限混合Gumbel分布的AIC值　　　(b) 有限混合Gumbel分布的R^2值

图 4-6　有限混合 Gumbel 风速分布中权重数目的确定

根据 AIC 和 R^2 模型判断准则可得,用 GA 得到的有限混合 Gumbel 分布比用 EM 算法得到的有限混合 Gumbel 分布性能更好,基于 EM 算法和 GA 确定的最优有限混合 Gumbel 分布如图 4-7 所示。为了进行比较,图 4-7 中也给出了单变量 Gumbel 分布。

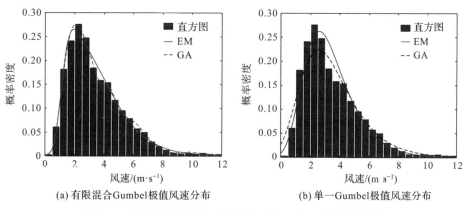

(a) 有限混合Gumbel极值风速分布　　　(b) 单一Gumbel极值风速分布

图 4-7　具有最优权重数的有限混合 Gumbel 极值风速分布

从图 4-7 也可以看出,基于 GA 的有限混合 Gumbel 分布比基于 EM 算法的有限混合 Gumbel 分布具有更高的拟合度。基于 GA 确定的最优有限混合 Gumbel 分布的参数如表 4-1 所示。

表 4-1 基于 GA 确定的有限混合 Gumbel 风速分布的参数

权重(w)	形状参数(μ)	尺度参数(σ)
0.4191	1.7339	0.7484
0.3964	2.9544	1.1317
0.0526	4.6284	0.6354
0.0335	4.3817	0.4964
0.0827	6.2114	0.7700
0.0004	4.3481	1.2489
0.0153	9.9701	0.8166

4.3.3 风向概率建模

根据 AIC 和 R^2 两种最优模型判断准则,可确定风向的有限混合 von Mises 分布的最优权重数。其中有限混合 von Mises 分布中的参数分别采用 EM 算法和 GA 进行计算。图 4-8 展示了 AIC 和 R^2 在有限混合 von Mises 分布中的最优权重数。基于 EM 算法得到的有限混合 von Mises 分布的最优权重数为 10,基于 GA 得到的有限混合 von Mises 分布的最优权重数为 12。具体的,基于 EM 算法的 AIC 和 R^2 值分别为 17885 和 0.9738;基于 GA 算法的 AIC 和 R^2 值分别为 18506 和 0.8605。

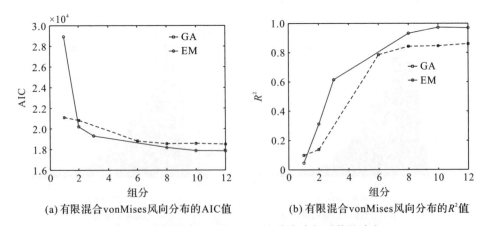

(a) 有限混合vonMises风向分布的AIC值 (b) 有限混合vonMises风向分布的R^2值

图 4-8 有限混合 von Mises 风向分布中权重数的确定

根据 AIC 和 R^2 模型判断准则可得,用 EM 算法得到的有限混合 von Mises 分布比用 GA 得到的有限混合 von Mises 分布性能更好,基于 EM 算法和 GA 确定的最优有限混合 von Mises 分布如图 4-9 所示。为了进行比较,图 4-9 中也给出了单变量 von Mises 分布。

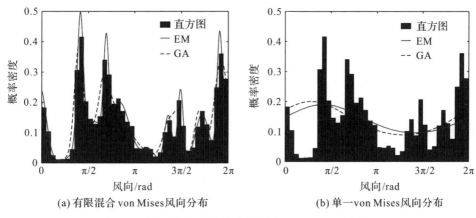

(a) 有限混合 von Mises 风向分布　　　　　　(b) 单一 von Mises 风向分布

图 4-9　具有最优权重数的有限混合 von Mises 风向分布

从图 4-9 也可以看出,基于 EM 算法的有限混合 von Mises 分布比基于 GA 的有限混合 von Mises 分布具有更高的拟合度。基于 EM 算法确定的最优有限混合 von Mises 分布的参数如表 4-2 所示。

表 4-2　基于 EM 算法确定的有限混合 von Mises 风向分布的参数

权重(q)	位置参数(α)/rad	集中参数(β)
0.1496	6.2246	23.2683
0.1188	1.2902	100.8555
0.1527	1.6779	6.3950
0.0681	2.1676	152.6903
0.1927	2.6471	8.5472
0.0265	3.6061	23.0793
0.0573	4.2726	62.3649
0.0655	4.6822	112.1085
0.1022	5.4102	20.7516
0.0666	5.9820	165.8141

4.3.4　耦合变量概率建模

结合 GA 确定的最优有限混合 Gumbel 分布和 EM 算法确定的最优有限混合

von Mises 分布来计算耦合变量值,并采用有限混合 von Mises 分布来描述耦合变量的概率分布。根据 AIC 和 R^2 两种最优模型判断准则,可确定耦合变量的有限混合 von Mises 分布的最优权重数。其中有限混合 von Mises 分布中的参数分别采用 EM 算法和 GA 进行计算。图 4-10 展示了 AIC 和 R^2 在有限混合 von Mises 分布中的最优权重数。基于 EM 算法得到的有限混合 von Mises 分布的最优权重数为 10,基于 GA 得到的有限混合 von Mises 分布的最优权重数为 16。

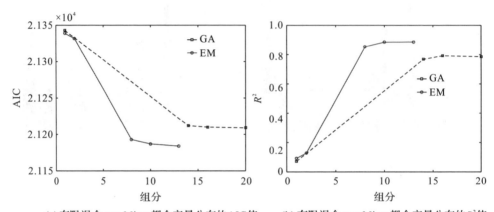

(a)有限混合 von Mises 耦合变量分布的AIC值　　(b)有限混合 von Mises 耦合变量分布的R^2值

图 4-10　有限混合 von Mises 耦合变量分布中权重数的确定

与风向概率建模结果一样,用 EM 算法得到的有限混合 von Mises 分布比用 GA 得到的有限混合 von Mises 分布性能更好,基于 EM 算法和 GA 确定的最优有限混合 von Mises 分布如图 4-11 所示。为了进行比较,图 4-11 中也给出了单变量 von Mises 分布。

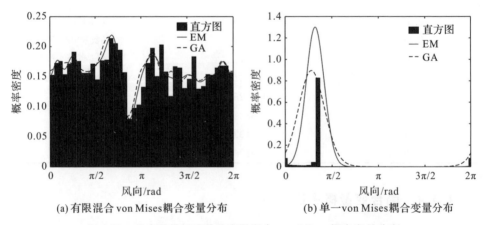

(a)有限混合 von Mises 耦合变量分布　　　　(b)单一von Mises 耦合变量分布

图 4-11　具有最优权重数的有限混合 von Mises 耦合变量分布

　　从图 4-11 也可以看出，基于 EM 算法的有限混合 von Mises 分布比基于 GA 的有限混合 von Mises 分布具有更高的拟合度。基于 EM 算法确定的最优有限混合 von Mises 分布的参数如表 4-3 所示。

表 4-3　基于 EM 算法确定的有限混合 von Mises 耦合变量分布的参数

权重(ω)	位置参数(φ)/rad	集中参数(η)
0.0746	0.2613	22.3341
0.1035	0.7949	14.4089
0.1369	1.5133	7.7548
0.1419	2.2114	11.6015
0.0480	3.0596	17.2284
0.1184	3.5267	10.8568
0.1008	4.1756	8.6242
0.0987	4.8344	9.9270
0.0858	5.4717	12.0354
0.0915	6.0087	16.0907

4.3.5　联合分布概率建模

　　当获得最优的极值风速分布模型、风向分布模型及其耦合变量分布模型后，就可以通过公式(4-9)中定义的 AL 模型建立风速风向联合概率模型，如图 4-12 所示。图 4-12 也给出了基于单一极值风速分布模型、风向分布模型及其耦合变量分布模型建立的风速风向联合概率模型。

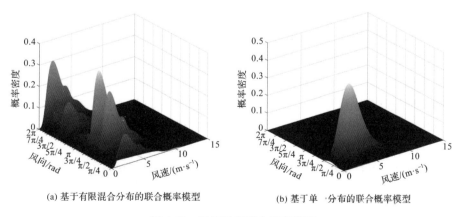

(a) 基于有限混合分布的联合概率模型　　　　(b) 基于单一分布的联合概率模型

图 4-12　风速风向联合概率模型

显然，结合有限混合 Gumbel 极值风速分布、有限混合 vonMises 风向分布和有限混合 vonMises 耦合变量分布的 AL 模型导出的联合概率模型与风速和风向的联合直方图非常匹配，如图 4-13 所示。结果表明，所提出的基于有限混合分布的 AL 模型对风场特性的统计评估是有效的。

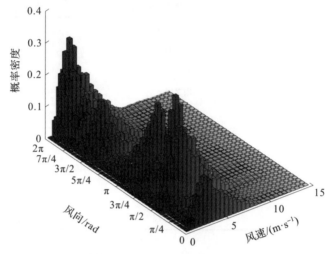

图 4-13 风速风向联合直方图

4.3.6 极值风荷载计算

将得到的 JPDF 代入公式 (4-36) 中，迭代计算后得到不同重现期（10 年、50 年和 100 年）下不同风向的极值风速，并将其与 GB 50009—2012《建筑结构荷载规范》（单一风速分布）计算出的风荷载进行对比，如图 4-14 所示。该图从正北 (N) 方向（即 0°）开始以顺时针方向计算各风向下极值风速的大小。

从图 4-14 中可以看出，当重现期为 10 年时，只有当风向约为 157.5°（方位角为 SE 至方位角 S）时，基于 JPDF 计算出的极值风速比基于 GB 50009—2012《建筑结构荷载规范》（单一风速分布）计算出的极值风速要小；其余全风向内，基于 JPDF 计算出的极值风速比基于 GB 50009—2012《建筑结构荷载规范》（单一风速分布）计算出的极值风速要大，其中最大极值风速为 6.4746m/s（225°）。同样的，当重现期为 50 年时，在风向约为 157.5°～202.5°（方位角为 S）时，基于 JPDF 计算出的极值风速比基于 GB 50009—2012《建筑结构荷载规范》（单一风速分布）计算出的极值风速要小；其余全风向内，基于 JPDF 计算出的极值风速比基于 GB 50009—2012《建筑结构荷载规范》（单一风速分布）计算出的极值风速要大，其中最大极值风速为 9.5801m/s（247.5°）。当重现期为 100 年时，在风向约为 180°（方位角为 S）时，

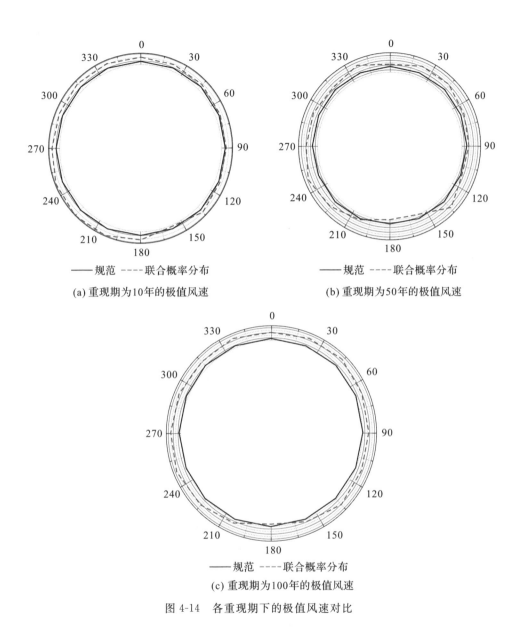

—— 规范 ---- 联合概率分布

(a) 重现期为10年的极值风速

—— 规范 ---- 联合概率分布

(b) 重现期为50年的极值风速

—— 规范 ---- 联合概率分布

(c) 重现期为100年的极值风速

图 4-14　各重现期下的极值风速对比

基于 JPDF 计算出的极值风速比基于 GB 50009—2012《建筑结构荷载规范》(单一风速分布)计算出的极值风速要小;其余全风向内,基于 JPDF 计算出的极值风速比基于 GB 50009—2012《建筑结构荷载规范》(单一风速分布)计算出的极值风速要大,其中最大极值风速为 10.4590m/s(247.5°)。并且随着重现期的时间增加,所计算的极值风速也在逐渐增加,分别取不同重现期内方位角为 N、NE、E、SE、S、SW、W 和 NW 的极值风速进行计算,如表 4-4 所示。

表 4-4　不同重现期内桥面 **6m** 高处的极值风速计算　　　　（单位:m/s）

方位角	重现期为 10 年		重现期为 50 年		重现期为 100 年	
	单一风速分布	JPDF	单一风速分布	JPDF	单一风速分布	JPDF
N		6.1816		8.6426		10.0488
NE		6.1231		9.1699		10.3418
E		6.0645		8.7012		10.0488
SE	5.9362	6.1816	8.4018	9.2285	9.442	10.2832
S		6.2402		7.8809		9.2871
SW		6.4746		9.1699		10.2246
W		6.1816		9.1113		10.2246
NW		6.2402		8.7598		10.0488

　　根据表 4-4 可以看出,基于规范(单一风速分布)计算距离九堡大桥桥面 6m 高处的极值风速分别为 5.9362m/s(重现期为 10 年),8.4018m/s(重现期为 50 年)和 9.442m/s(重现期为 100 年)。基于 JPDF 计算距离九堡大桥桥面 6m 高处的最大极值风速分别为 6.4746m/s(重现期为 10 年),9.2285m/s(重现期为 50 年)和 10.3418m/s(重现期为 100 年),其分别比规范(单一风速分布)计算的极值风速大 9.07%,9.84%和 9.50%,如图 4-15 所示。可见,考虑风速有限混合分布及风向的影响计算出的桥址处极值风速会大于规范所计算出的风速,即基于规范所计算出的极值风速偏低可能会导致桥梁抗风设计的不安全性;最后,根据公式(4-37)便可以计算出不同重现期下的基本风荷载。

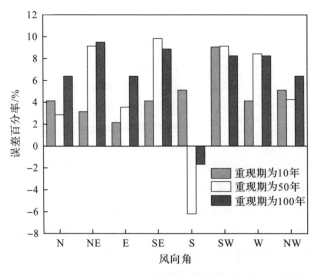

图 4-15　基于 JPDF 与规范计算出的极值风速误差百分比

4.4　本章小结

　　本章用 AL 模型表征了风速风向联合概率模型,在建立的 AL 模型中,采用有限混合 Gumbel 分布来描述极值风速、采用有限混合 von Mises 分布来描述风向及 AL 模型中的耦合变量,对于各有限混合分布中的未知参数,采用 EM 算法和 GA 进行估算。本章根据 EM 算法,推导出了有限混合分布模型中参数的解析表达式;根据 GA,建立了基于有限混合分布所需的适应度函数。这些解析表达式和适应度函数有助于 EM 算法和 GA 的实现。本章以九堡大桥桥梁健康监测系统一年的风场监测数据为例,验证了基于有限混合分布的 AL 模型对风场特性统计评估的有效性及适用性,并得出以下结论。①在极值风速、风向和耦合变量的表征中,有限混合分布比单一分布的性能更好。具体而言,有限混合 Gumbel 分布比单一 Gumbel 分布更能对极值风速的概率分布进行拟合;有限混合 von Mises 分布比单一 von Mises 分布更能描述风向及耦合变量的多峰特性。②由有限混合 Gumbel 分布和有限混合 von Mises 分布建立的 AL 模型是建立表征风速风向联合概率密度函数的有效方法;基于有限混合分布的 AL 模型计算出的联合概率密度函数与实测风速风向的直方图较吻合。这一结论凸显了评估风特性时,考虑到了风速和风向之间相关性的重要性。③EM 算法和 GA 在 AL 模型参数估计中都显示出了很好的计算效果,它们的有效性可以用 AIC 和 R^2 两个判断标准进行评价。但是,EM 算法和 GA 对不同的有限混合分布有不同的性能。结果表明,EM 算法对有限混合 von Mises 分布的参数估计更有效,而 GA 对有限混合 Gumbel 分布参数的估计更有效。④在不同重现期下,基于风速风向有限联合混合分布计算出的极值风速比基于 GB 50009—2012《建筑结构荷载规范》(单一风速分布)计算出的极值风速要大,进而计算出的风荷载(基本风压)也比基于规范计算出的风荷载要大。因此,基于风速风向有限联合混合分布的模型能够为结构抗风设计提供更加准确、真实的基本风荷载。

第 5 章
考虑风与结构相互作用的桥梁吊杆疲劳寿命计算

  随着设计和施工技术的进步及新型材料的研发制备,桥梁吊杆结构的高度逐渐增加,导致其柔性也越来越强[190]。大跨度拱桥的吊杆结构在风场环境下,可能会出现涡激振动(涡振)、驰振和颤振等,涡振会导致桥梁长期疲劳损伤,缩短桥梁寿命;驰振会导致桥梁发生显著的大变形而振荡;颤振则会导致桥梁发生动力失稳现象[191]。由第 4 章可知,考虑风速风向联合分布能够更好地描述风场特性,也更能准确地计算出风荷载。因此,应考虑风速风向联合作用对桥梁动力特性的影响,提高桥梁的抗风设计能力,避免其在风荷载作用下出现强度破坏和疲劳破坏。相比于强度破坏,疲劳破坏不容易被直接观测,且会导致桥梁服役寿命大幅下降,故需要着重计算大跨度拱桥的吊杆结构在风荷载作用下的疲劳寿命[192]。

  目前,研究风场(风速和风向)对大跨度拱桥动力特性影响的常见方法有风洞试验方法和数值模拟方法两类。Zhu 等[193]根据风洞试验结果发现,空气动力系数会随风向变化,因此风向也是影响结构动力特性的重要因素。Wang 等[194]通过风洞试验测量了桥梁断面风压力和气动弹性,研究了双层桥梁在不同风向和风速下的风振响应,但不同的桥梁结构对风速和风向的敏感性不同,并且风洞试验需要大量的资源,如实际风场特性、材料属性及缩尺效应等,这会限制风洞试验的开展[195]。相比于风洞试验方法,数值模拟方法的适用性更为广泛,其可以通过快速修改风速、风向和材料属性等特征来计算不同风场对吊杆结构的影响[196]。在数值模拟方法中,有几种计算流体力学(computational fluid dynamics,CFD)的模型可用来计算风场对吊杆结构的影响,如标准 k-ε 模型、可实现的 k-ε 模型、标准 k-ω 模型和剪应力传输(shear stress transport,SST)k-ω 模型等[197]。Haque 等[198]通过求解雷诺平均的纳维-斯托克方程和可实现的 k-ε 湍流模型方程,对气流进行了数值计算。Shimada 等[199]将各种湍流模型的适用性与风洞实验结果进行比较,得出标准 k-ε 模型的适用性最佳。当根据 CFD 模型计算出结构表面处的风压后,应考虑桥梁的非线性动力特性响应,即通过计算固体力学(computational solid mechanics,CSM)来计算结构的应力和变形等,从而实现流-固耦合模拟[200]。Santo 等[201]基于 ANSYS 有限元软件,对小变形结构采用单向流-固耦合方法计算了结构的动态载荷和应力。薛祖杰[202]基于 FLUENT 有限元软件采用双向流-固耦合方法对超高层建筑的风场进行了研究。当获取了结构的应力幅变化后,便可以通过应力-寿命($S-N$)曲线法来计算结构的疲劳寿命。胡柏学等[203]基于 $S-N$ 曲线的疲劳寿命评估方法对桥梁吊杆疲劳寿命进行了预测,并对疲劳寿命可靠度进行了评估。

本章结合多物理场有限元软件 COMSOL 建立九堡大桥吊杆实体模型来分析风场(风速和风向)和湍流模型(标准 k-ε 模型、可实现的 k-ε 模型、标准 k-ω 模型和 SST k-ω 模型)对其风场环境的影响,并基于结构动力学定性计算稳态风场下吊杆的应力值。为了提高风致桥梁吊杆振动应力响应计算效率,本章基于有限元软件 COMSOL 建立九堡大桥整桥杆系模型,结合结构力学方法计算桥梁吊杆应力响应时程曲线,并根据推导的考虑风速风向联合作用的累积疲劳损伤模型计算桥梁吊杆的疲劳寿命。

5.1　风与结构相互作用影响桥梁吊杆应力因素分析

5.1.1　湍流模型对桥梁吊杆风场的影响

由于桥梁跨度较大,流体(风场)可视为不可压缩流体。对于不可压缩流体,其连续性方程和动量方程如下[204]:

$$\frac{\partial U_i}{\partial x_i} = 0$$

$$U_j \frac{\partial U_i}{\partial x_j} = \frac{1}{\rho} \frac{\partial}{\partial x_j}(-P\delta_{ij} + 2\nu S_{ij} + \tau_{ij})$$

$$S_{ij} = \frac{1}{2}\left(\frac{\partial U_i}{\partial x_j} + \frac{\partial U_j}{\partial x_i}\right) \tag{5-1}$$

式中,ρ 为空气密度,$\rho = 1.293 \text{kg/m}^3$;$\nu$ 为运动黏度,$\nu = 17.9 \times 10^{-6} \text{m}^2/\text{s}$;$P$ 为压力;S_{ij} 为速度应变率张量;δ_{ij} 为克罗内克函数;U_i 为平均速度分量;τ_{ij} 为雷诺应力项,表示湍流运动的动量扩散传输。

基于布辛尼斯克(Boussinesq)假设,湍流雷诺应力和平均速度梯度与湍流黏度有关,则可表示为:

$$\tau_{ij} - \nu_t\left(\frac{\partial U_i}{\partial x_j} + \frac{\partial U_j}{\partial x_i}\right) - \frac{2}{3}k\delta_{ij} \tag{5-2}$$

式中,k 是湍流动能。

当流场出现漩涡，即流体有不规则运动现象或其雷诺数超过某一临界值时，其可用标准 k-ε 模型、可实现的 k-ε 模型、标准 k-ω 模型和 SST k-ω 模型进行求解。对于标准 k-ε 模型，湍流动能 k 可以表示为[205]：

$$\nu_t = C_\mu \frac{k^2}{\varepsilon}$$

$$\frac{\partial \rho k}{\partial t} + \frac{\partial \rho k U_i}{\partial x_i} = \frac{\partial}{\partial x_j}\left[\left(\nu + \frac{\nu_t}{\sigma_k}\right)\frac{\partial k}{\partial x_j}\right] + P_k - \rho\varepsilon \qquad (5\text{-}3)$$

其湍流动能的耗散率 ε 可以表示为：

$$\frac{\partial \rho \varepsilon}{\partial t} + \frac{\partial \rho \varepsilon U_i}{\partial x_i} = \frac{\partial}{\partial x_j}\left[\left(\nu + \frac{\nu_t}{\sigma_\varepsilon}\right)\frac{\partial \varepsilon}{\partial x_j}\right] + \frac{\varepsilon}{k}(C_1 P_k - C_2 \rho\varepsilon)$$

$$P_k = \nu_t S^2$$

$$S = \sqrt{2S_{ij}S_{ij}} \qquad (5\text{-}4)$$

式中，P_k 是湍流动能的产生量；其余参数均为常数，$C_\mu = 0.09$，$\sigma_\varepsilon = 1.3$，$\sigma_k = 1.0$，$C_1 = 1.44$，$C_2 = 1.92$。

对于可实现的 k-ε 模型，其湍流动能 k 与标准 k-ε 模型的表达式一样，不同的是，湍流动能的耗散率 ε，其表达式如下[206]：

$$\frac{\partial \rho \varepsilon}{\partial t} + \frac{\partial \rho \varepsilon U_i}{\partial x_i} = \frac{\partial}{\partial x_j}\left[\left(\nu + \frac{\nu_t}{\sigma_\varepsilon}\right)\frac{\partial \varepsilon}{\partial x_j}\right] + \rho C_{\varepsilon 1} S - \rho C_{\varepsilon 2} \frac{\varepsilon^2}{k + \sqrt{\varepsilon\nu}} \qquad (5\text{-}5)$$

式中，其余参数表达式为 $\sigma_\varepsilon = 1.2$，$C_{\varepsilon 1} = \max\left(0.43, \frac{k}{\varepsilon}\sqrt{2S_{ij}S_{ij}}\right)$，$C_{\varepsilon 2} = 1.9$，$C_\mu = $

$$\frac{1}{4.04 + \dfrac{A_s k U^*}{\varepsilon}}, A_s = \sqrt{6}\cos\theta, \theta = \frac{1}{3}\cos^{-1}\sqrt{6}W, U^* = \sqrt{S_{ij}S_{ij} + \Omega_{ij}^* \Omega_{ij}^*}, \Omega_{ij}^* = $$

$\Omega_{ij} - 2\varepsilon_{ijk}\omega_k$，$\Omega_{ij} = \overline{\Omega_{ij}} - \varepsilon_{ijk}\omega_k$，$S^* = \sqrt{S_{ij}S_{ij}}$。

对于标准 k-ω 模型，其 k 和 ω 的表达式如下[207]：

$$\nu_{\omega t} = \frac{k}{\omega}$$

$$\frac{\partial k}{\partial t} + \frac{\partial k U_j}{\partial x_j} = \tau_{ij}\frac{\partial U_j}{\partial x_j} - \beta^* k\omega\rho + \frac{\partial}{\partial x_j}\left[(\nu + \nu_{\omega t}\sigma_{k1})\frac{\partial k}{\partial x_j}\right]$$

$$\frac{\partial \omega}{\partial t} + \frac{\partial \omega U_j}{\partial x_j} = \alpha\frac{\omega}{k}\tau_{ij}\frac{\partial U_j}{\partial x_j} - \beta_1\omega^2 + \frac{\partial}{\partial x_j}\left[(\nu + \nu_{\omega t}\sigma_{\omega 1})\frac{\partial \omega}{\partial x_j}\right] \qquad (5\text{-}6)$$

式中，参数表达式分别为 $\alpha = \frac{5}{9}$，$\beta_1 = 0.09$，$\sigma_{\omega 1} = 0.5$，$\sigma_{k1} = 0.85$。

对于 SST k-ω 模型，其 k 和 ω 的表达式如下[208]：

$$\nu_{\omega t} = \frac{a_1 k}{\max(a_1\omega, F_2 S)}$$

$$\frac{\partial k}{\partial t} + \frac{\partial k U_j}{\partial x_j} = P_k - \beta^* k\omega + \frac{\partial}{\partial x_j}\left[(\nu + \nu_{\omega t}\sigma_{k2})\frac{\partial k}{\partial x_j}\right]$$

$$\frac{\partial \omega}{\partial t} + \frac{\partial \omega U_j}{\partial x_j} = \alpha S^2 - \beta_2\omega^2 + \frac{\partial}{\partial x_j}\left[(\nu + \nu_{\omega t}\sigma_{\omega 2})\frac{\partial \omega}{\partial x_j}\right] + 2(1-F_1)\frac{\sigma_{\omega 2}}{\omega}\frac{\partial k}{\partial x_i}\frac{\partial \omega}{\partial x_i}$$

$$P_k = \min\left(\tau_{ij}\frac{\partial U_i}{\partial x_j}, 10\beta^* k\omega\right)$$

$$F_1 = \tanh\left\{\left[\min\left(\max\left(\frac{\sqrt{k}}{\beta^* y\omega}, \frac{500\nu}{y^2\omega}\right), \frac{4\sigma_{\omega 2}k}{CD_{k\omega}y^2}\right)\right]^4\right\}$$

$$F_2 = \tanh\left\{\left[\max\left(\frac{2\sqrt{k}}{\beta^* y\omega}, \frac{500\nu}{y^2\omega}\right)\right]^2\right\}$$

$$CD_{k\omega} = \max\left(2\rho\frac{\sigma_{\omega 2}}{\omega}\frac{\partial k}{\partial x_i}\frac{\partial \omega}{\partial x_i}, 10^{-10}\right) \tag{5-7}$$

式中,其余参数表达式分别为 $\beta_2 = 0.0828$, $\sigma_{\omega 2} = 0.856$, $\sigma_{k2} = 1$, $a_1 = 0.31$。

上述四种不同的湍流模型可通过一个二维圆柱进行对比计算,其中圆柱的直径为 0.077m,弹性模量为 1.9×10^8 kPa,密度为 7850kg/m³,泊松比为 0.3,输入口风速为 12m/s,上下边界均为滑动边界,稳态计算结果如图 5-1 所示。从图中可以看出,标准 k-ε 模型、可实现的 k-ε 模型和标准 k-ω 模型对风场的影响相同,其最大的风速分别为 18.9m/s、18.3m/s 和 18.9m/s;最小的风速为 0.04m/s、0.06m/s 和 0.12m/s。而 SST k-ω 模型中,桥梁吊杆风场的最大和最小风速分别为 20.3m/s、0.04m/s,并且其尾部的风场与其他三种模型不同,呈收缩式。

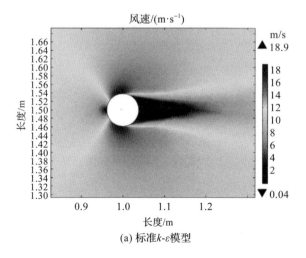

(a) 标准 k-ε 模型

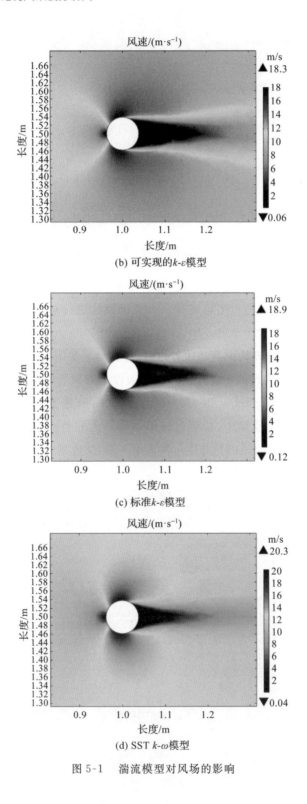

图 5-1　湍流模型对风场的影响

5.1.2　风向对桥梁吊杆风场的影响

COMSOL 是一个大型通用的多物理场有限元软件,可用于计算流体力学、固体力学及其相互作用[209]。对于二维有限元结构,很难考虑风向对结构风场的影响。因此本节以九堡大桥为例建立三维有限元模型,其吊杆的直径均为 0.077m,吊杆最高为 39.9m,弹性模量均为 1.9×10^8 kPa,密度均为 7850kN/m³,泊松比均为 0.3。在桥梁吊杆的边界条件中,上、下边界条件为固定约束。三维有限元模型包含四个滑动边界及风速入口和风速出口,如图 5-2(a) 所示。最后基于有限体积法,将有限元模型划分为 35377709 个单元来求解流体控制方程,如图 5-2(b) 所示。

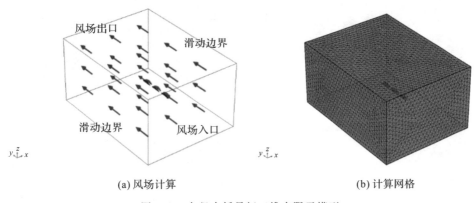

(a) 风场计算　　　　　　　　　　　(b) 计算网格

图 5-2　九堡大桥吊杆三维有限元模型

假定入口风速为 12m/s,湍流模型为标准 k-ε 模型,计算在同一风速的情况下,不同风向($0°,45°,90°$)和不同高度[39.9m 和 (39.9/2)m] 的风场变化情况,如图 5-3 所示。从图中可以看出,在同一风速下,不同高度的风场不同,这是由于九堡大桥吊杆的高度不同导致的,如九堡大桥中间处吊杆高度为 39.9m,而两边的吊杆高度只有 14m。在同一风速下,不同风向对桥梁吊杆的风场影响也不一样,这是因为在特定风速下,两根距离较近的桥梁吊杆之间会出现尾流致振,即驰振,从而会导致风场发生变化[210]。

5.1.3　风速风向对桥梁吊杆应力的影响

可以根据流体力学原理计算出结构表面在风场环境下的风压(风荷载),从而根据达朗贝尔定理建立动力学方程,如下式所示[211]:

$$M\ddot{X} + C\dot{X} + KX = F \tag{5-8}$$

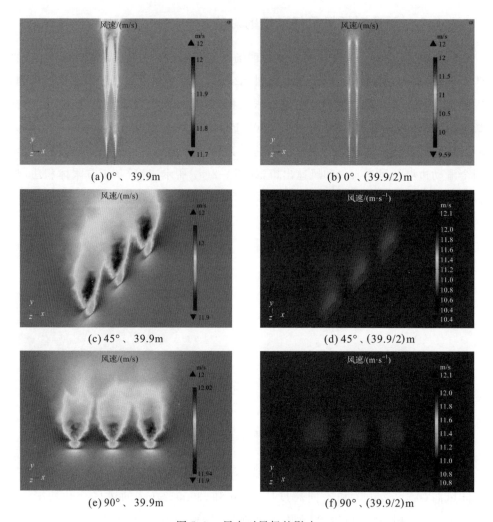

图 5-3　风向对风场的影响

式中,M 为结构质量矩阵;C 表示结构内部的阻尼矩阵;K 为结构刚度矩阵;F 表示流体(风速)作用在结构上的荷载;X 为结构在荷载作用下发生的位移;$\dot{X}$ 为结构在荷载作用下发生的速度;$\ddot{X}$ 为结构在荷载作用下发生的加速度。

对于流-固单向耦合,根据有限元理论,当得到了结构的位移变形后,其应力和应变可由下式进行计算[212]:

$$\varepsilon_{ij} = \frac{1}{2}(X_{ij} + X_{ji}),\ i,j = 1,2,3$$

$$\sigma_{ij} = \lambda\varepsilon_{kk}\delta_{ij} + 2\mu\varepsilon_{ij},\ i,j,k = 1,2,3$$

$$\lambda = \frac{E\nu}{(1+\nu)(1-2\nu)}$$

$$\mu = \frac{E}{2(1+\nu)} \tag{5-9}$$

式中，σ_{ij} 为结构的应力；ε_{ij} 为结构的应变；E 为结构材料的弹性模量；ν 为结构材料的泊松比。

对于流-固双向耦合，当得到了结构的位移变形后，根据龙格-库塔法对结构的应力和应变进行迭代计算[213]：

$$\ddot{X} = \dot{u}$$

$$\dot{u} = M^{-1}(F - Cu - KX)$$

$$X_0 = X_t, u_0 = \dot{X}_t$$

$$s_1 = \Delta t u_0, d_1 = \Delta t M^{-1}(F_t - Cu_0 - K_t X_0)$$

$$X_1 = X_0 + \frac{1}{2}s_1, u_1 = u_0 + \frac{1}{2}d_1$$

$$s_2 = \Delta t u_1, d_2 = \Delta t M^{-1}(F_{t+\frac{\Delta t}{2}} - Cu_1 - K_t X_1)$$

$$X_2 = X_0 + \frac{1}{2}s_2, u_2 = u_0 + \frac{1}{2}d_2$$

$$s_3 = \Delta t u_2, d_3 = \Delta t M^{-1}(F_{t+\frac{\Delta t}{2}} - Cu_2 - K_t X_2)$$

$$X_3 = X_0 + \frac{1}{2}s_3, u_3 = u_0 + \frac{1}{2}d_3$$

$$s_4 = \Delta t u_3, d_4 = \Delta t M^{-1}(F_{t+\frac{\Delta t}{2}} - Cu_3 - K_t X_3)$$

$$X_{t+\frac{\Delta t}{2}} = X_t + \frac{1}{6}(s_1 + 2s_2 + 2s_3 + s_4)$$

$$\dot{X}_{t+\frac{\Delta t}{2}} = \dot{X}_t + \frac{1}{6}(d_1 + 2d_2 + 2d_3 + d_4) \tag{5-10}$$

桥梁结构出现大变形会导致网格需要进行重新划分，流场也需要进行重新计算，该过程是双向耦合作用，如公式(5-10)所示。而对于出现小变形的桥梁结构来说，其网格变形可以忽略不计，这一作用过程被称为单向耦合，如公式(5-9)所示。本节同样以九堡大桥桥梁吊杆为背景，定性计算当风向为 0° 时，不同风速(3m/s、6m/s、9m/s、12m/s)对桥梁吊杆的应力影响。从图 5-4 可以看出，随着风速的增加，稳态后吊杆中的最大应力值也在增加，并且呈非线性增长。

由于整体吊杆呈对称性分布，故假定风速为 12m/s，因此仅需要计算不同风向(0°、45°、90°)下桥梁吊杆在稳态后的应力变化情况，如图 5-5 所示。从图中可以看出，风向对吊杆的应力影响较大，当风向为 0° 时，吊杆的最大应力为 1.95MPa；当风向为 45° 时,吊杆的最大应力为 2.23MPa;当风向为 90° 时,吊杆的最大应力为 2.46MPa。这是因为在不同的风向下,吊杆之间出现的驰振现象也不同,所以导致吊杆结构的最大应力也不同。此外,在三维实体吊杆结构的流体力学计算过程中,存在耗时长、网格划分复杂等情况,即计算一次应力变化需要 5 小时。因此,为了更好更快地计算吊杆在风荷载时程作用下的应力时程,需要将三维实体模型转换为二维杆系模型。

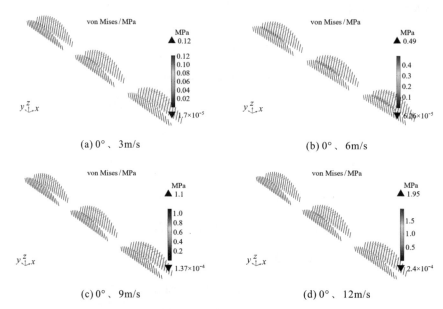

图 5-4　风速对吊杆应力的影响(稳态定性计算)

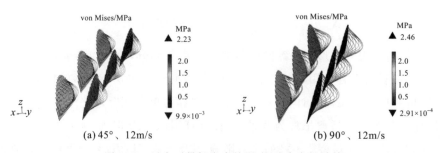

图 5-5　风向对吊杆应力的影响(稳态定性计算)

5.2　桥梁吊杆疲劳寿命计算方法

5.2.1　雨流计数法

流-固耦合计算方法可以得到不同风速风向下桥梁吊杆某一关键节点的应力响应时程曲线。但获得一个应力值后并不能直接计算出吊杆结构的损伤值,因此需要将应力时程曲线进行应力循环计数。Matsiski 等[214] 提出了雨流(rain flow)计数法来解决循环计数问题,该方法将应力时程曲线做 90° 的旋转,即时间坐标轴朝下,应力值则如雨水一样向下扩展。雨流计数法的计数过程如图 5-6 所示[215]。从图中可以看出,当雨水从点 1 开始向下流,流到点 2 时,则垂直向下流至点 2',然后流至点 4,最后流至点 5。根据计数停止规则,此时点 5 的值比点 1 要小,因此停止计数,取 1−2−2'−4 循环。下一次雨水从点 2 开始向下流,流至点 3,最后流至点 4。而根据计数准则,点 4 的值比点 2 的值更大,故停止计数,取 2−3 循环。下一次雨水从点 3 开始向下流,当流至点 2' 时停止计数,取 3−2' 循环。此过程中,已经有了一个完整循环,即 2'−3−2,后续计数依次类推,直到整个应力时程数据都被计数完。

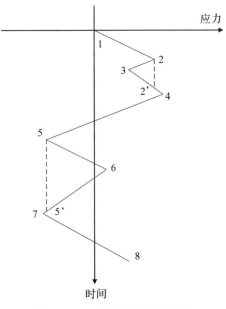

图 5-6　雨流计数法计数过程

5.2.2 S-N 曲线与主 S-N 曲线

5.2.2.1 S-N 曲线

应力‑寿命曲线,即 S-N 曲线,被广泛用于计算结构的疲劳寿命,其表达式为:

$$N(\Delta S)^m = A \tag{5-11}$$

当两边取对数时,上式可以被改写成:

$$\lg N + m\lg(\Delta S) = \lg A \tag{5-12}$$

式中,N 为应力作用下的总循环次数;ΔS 为疲劳应力幅值,$\Delta S = S_{\max} - S_{\min}$,可以根据雨流计数法统计得出;$A$、$m$ 为与材料相关的常数。对于国产 1860 级低松弛预应力钢绞线,其抗拉强度为 1860MPa,平均拉应力为 1050MPa,故其 S-N 曲线中的两个参数分别为 $\log A = 13.84$、$m = 3.5$[216],如图 5-7 所示。

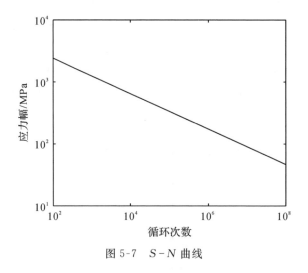

图 5-7　S-N 曲线

　　由于桥梁吊杆是一个只受拉不受压的预应力结构,其内部长期处于高应力的状态,其疲劳应力幅值 ΔS 会受到平均应力的影响,因此可以采用古德曼(Goodman)曲线来进行修正[217]:

$$\Delta S = S_d\left(1 - \frac{S_m}{S_b}\right) \tag{5-13}$$

式中,S_d 为修正后的疲劳应力幅值;S_b 为抗拉强度;S_m 为平均应力。

　　根据 GB 50017—2017《钢结构设计规范》,其容许应力幅的总循环次数 N 规定为 2×10^6 次[218]。因此,当总循环次数 $N = 2 \times 10^6$ 时,根据公式(5-12)可以计算出其对应的疲劳应力幅值 $\Delta S = 143\text{MPa}$，将 ΔS 代入公式(5-13)可以得出修正后的疲劳应力幅值 $S_d = 328\text{MPa}$。根据 Goodman 曲线对公式(5-12)进行修正后，可以推导出吊杆中钢绞线或平行钢丝在平均应力的作用下的 S-N 曲线：

$$\lg N = B - 3.5\lg(\Delta S)$$

$$B = \lg(2 \times 10^6) + 3.5\lg\left[328 \times \left(1 - \frac{S_m}{S_b}\right)\right] = 15.1 + 3.5\lg\left(1 - \frac{S_m}{S_b}\right)$$

$$(5\text{-}14)$$

5.2.2.2　主 S-N 曲线

Dong 等[216]于 2001 年提出了主 S-N 曲线，该方法主要用来评估焊接结构的疲劳寿命，其表达式与 S-N 曲线相同，只是曲线中的参数取值不同，如下式所示：

$$\Delta S_e = CN^h \tag{5-15}$$

式中，C 和 h 为与材料相关的常数，如图 5-8 和表 5-1 所示；ΔS_e 为等效结构应力幅，可根据雨流计数法统计得出；N 为总循环次数。

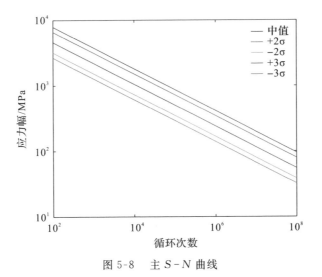

图 5-8　主 S-N 曲线

表 5-1　主 S-N 曲线参数表

统计依据	参数 C	参数 h
中值	19930.2	
$+2\sigma$	28626.5	
-2σ	13875.8	-0.3195
$+3\sigma$	34308.1	
-3σ	11577.6	

从公式(5-15)可以看出,应力幅可以通过结构等效应力推导计算出。该结构等效应力考虑了荷载模式、应力集中、焊接类型及板厚等影响因素,如下式所示:

$$\Delta S_e = \frac{\Delta \sigma_s}{t^{\frac{2-m}{2m}} I(r)^{\frac{1}{m}}} \qquad (5-16)$$

式中,$\Delta \sigma_s$ 为等效结构总应力;t 为结构构件的厚度(mm);m 为裂纹扩展指数,其值为 3.6;r 为弯曲比,可以通过结构应力弯曲分量与结构总应力之比进行计算得到:

$$r = \frac{\sigma_b}{\sigma_s} = \frac{\sigma_b}{\sigma_m + \sigma_b} \qquad (5-17)$$

式中,σ_s 为结构总应力;σ_m 为结构膜应力;σ_b 为结构弯曲应力。这三种应力可以通过有限元方法计算得到:

$$\begin{Bmatrix} F_1 \\ F_2 \\ F_3 \\ \vdots \\ F_n \end{Bmatrix} = \begin{bmatrix} l_1/3 & l_1/6 & 0 & 0 & \cdots & 0 \\ l_1/6 & (l_1+l_2)/3 & l_2/6 & 0 & \cdots & 0 \\ 0 & 0 & \ddots & \ddots & & \ddots & 0 \\ \vdots & \ddots & & \ddots & \ddots & (l_{n-2}+l_{n-1})/3 & l_{n-1}/6 \\ 0 & \cdots & & \cdots & 0 & l_{n-1}/6 & l_n/3 \end{bmatrix} \begin{Bmatrix} f_1 \\ f_2 \\ f_3 \\ \vdots \\ f_n \end{Bmatrix}$$

$$(5-18)$$

式中,F_1,F_2,F_3,$\cdots$,F_n 为结构的节点力;f_1,f_2,f_3,$\cdots$,f_n 为焊接节点处的线荷载;l_1,l_2,l_3,$\cdots$,l_n 为焊接节点处的长度;同理也可以得到焊接节点处的线弯矩 m_i,根据荷载和弯矩便可计算两种应力[220]:

$$\sigma_s = \sigma_m + \sigma_b = \frac{f_i}{t} + \frac{6m_i}{t^2} \qquad (5-19)$$

$I(r)$ 为结构荷载模式,其根据不同控制条件有着不同的表示式[221]。当荷载为主导时,即荷载为控制条件,$I(r)$ 的表达式为:

$$I(r)^{1/m} = 0.0011r^6 + 0.0767r^5 - 0.0988r^4 + 0.0946r^3 + 0.0221r^2$$
$$+ 0.014r + 1.2223 \qquad (5-20)$$

当位移为主导时,即位移为控制条件时,$I(r)$ 的表达式为:

$$I(r)^{1/m} = 2.1549r^6 - 5.0422r^5 + 4.8002r^4 - 2.0694r^3 + 0.561r^2$$
$$+ 0.0097r + 1.5426 \qquad (5-21)$$

5.2.3 累计疲劳损伤计算方法

从上一小节可以看出,根据得到的应力幅选取合适的 $S-N$ 曲线,便可计算出应力循环的总次数。得到循环总次数后,便可以根据帕姆格伦-迈纳(Palmgren - Miner)

准则计算出该循环作用下吊杆结构的疲劳损伤值[222]：

$$D = \sum_{i=1}^{n} \frac{n_i}{N_i} = \frac{n_1}{N_1} + \frac{n_2}{N_2} + \cdots + \frac{n_n}{N_n} \tag{5-22}$$

式中，n_i 为第 i 组应力幅的循环次数；N_i 为第 i 组应力幅总的循环次数，即失效循环次数。根据 BS 5400《钢桥、混凝土桥及结合桥》标准，引入应力循环次数折减因子 λ_i 来对疲劳损伤 D 进行折减[223]：

$$\lambda_i = \begin{cases} (S_i/S_0)^2, & S_i < S_0 \\ 1, & S_i > S_0 \end{cases} \tag{5-23}$$

式中，S_0 为疲劳极限；S_i 为第 i 组疲劳值。

则对应疲劳损伤 D，公式（5-22）可以被改写为：

$$D = \sum_{i=1}^{n} \frac{\lambda_i n_i}{N_i} \tag{5-24}$$

则在构件设计寿命 T_d 内的疲劳寿命 T_f 可以用下式计算：

$$T_f = \frac{T_d}{D} \tag{5-25}$$

当桥梁吊杆构件受到多方面的疲劳损伤时，如考虑风速风向联合作用，疲劳损伤 D 则可用一组矩阵表示[224]：

$$\boldsymbol{D} = \begin{bmatrix} D_{11}P_{11}Q_1 & D_{12}P_{12}Q_1 & \cdots & D_{1n}P_{1n}Q_1 \\ D_{21}P_{21}Q_2 & D_{22}P_{22}Q_2 & \cdots & D_{2n}P_{2n}Q_2 \\ \vdots & \vdots & \vdots & \vdots \\ D_{m1}P_{m1}Q_m & D_{m2}P_{m1}Q_m & \cdots & D_{mn}P_{mn}Q_m \end{bmatrix} \tag{5-26}$$

式中，m 为风向等级；n 为风速等级；D_{mn} 为损伤程度；Q_m 为不同风向的发生概率；P_{mn} 为特定风向下不同风速等级的发生概率。

因此，其对应的结构的疲劳寿命 T 为：

$$T_f = \frac{T_d}{\sum_m \sum_n D_{mn} P_{mn} Q_m} \tag{5-27}$$

综合上述，基于 S-N 曲线的疲劳寿命算法如下所示。

输入：吊杆应力时程曲线

输出：选取 S-N 曲线计算吊杆结构的疲劳寿命

---

1. 基于有限元方法获取吊杆应力时程

2. 根据雨流计数法，计算出应力循环次数 N 和应力幅值 ΔS_e

3. 选取合适的 S-N 曲线，计算循环的总次数：

$$\lg N + m \lg(\Delta S) = \lg A$$

4.根据 Palmgren Miner 准则,计算出结构此时的损伤值:

$$D = \sum_{i=1}^{n} \frac{n_i}{N_i} = \frac{n_1}{N_1} + \frac{n_2}{N_2} + \cdots + \frac{n_n}{N_n}$$

5.根据累计疲劳损伤值,输出在 T_d 期间结构的疲劳寿命 T_f:

$$T_f = \frac{T_d}{D}$$

综上可知,基于 $S-N$ 曲线的疲劳寿命算法计算效率高且操作方便,其最重要的步骤便是选取合适的曲线来进行计算,即确定 $S-N$ 曲线中的参数值,然后根据损伤准则计算出结构的疲劳寿命。

5.3 风速风向联合作用下吊杆疲劳寿命计算

5.3.1 风速风向联合作用下风荷载时程计算

九堡大桥上安装了桥梁健康监测系统,其中风速风向传感器(UAN_L6)的布置的高度为 6m,且朝向为正北(N)方向,即所采集到的风向 0°为正北方向,且九堡大桥所处的场地地表类别为 B 类[225]。九堡大桥在 2015 年监测到的风速风向概率统计分布如表 5-1 所示。

表 5-1 风速风向概率统计分布

风向/°	风速/$(m \cdot s^{-1})$				
	0~3	3~6	6~9	9~12	12~15
0~45	0.050792	0.008781	0	0	0
45~90	0.086433	0.079373	0.009986	0.000517	0
90~135	0.040289	0.094697	0.043388	0.011191	0.000517
135~180	0.054063	0.079718	0.013774	0.001894	0.000172
180~225	0.034780	0.002755	0	0	0
225~270	0.080234	0.019628	0.001894	0	0
270~315	0.058368	0.024277	0.006887	0.000344	0
315~360	0.099174	0.083850	0.011880	0.000344	0

　　根据 JTG/T 3360-01—2018《公路桥梁抗风设计规范》，风速沿竖直高度方向的分布可按下式进行计算：

$$V_{z2} = \left(\frac{Z_2}{Z_1}\right)^a V_{z_1} \tag{5-28}$$

式中，V_{z_2} 表示高度为 z_2 处的风速；V_{z_1} 表示高度为 z_1 处的风速；a 为地表粗糙度系数，当为 B 类地表时，$a = 0.16$；传感器所监测到的数据可以转换成 10m 高度处的风速。

　　根据风的随机性特点，可以将风分成平均风和脉动风（顺风向和横风向脉动风），其中顺风向脉动风可以根据 GB 50009—2012《建筑结构荷载规范》使用的 Davenport 风速谱计算得到，风速谱函数为[226]：

$$S_u(n) = \frac{4kv_{10}^2}{n}\frac{x^2}{(1+x^2)^{4/3}}$$

$$x = \frac{1200n}{v_{10}} \tag{5-29}$$

式中，n 为脉动风的频率；k 为反映地面粗糙度的系数，B 类地貌中其值为 0.00215[227]；v_{10} 为 10m 高处的平均风速，可以通过公式(5-28)转换得到。

　　根据各向同性湍流理论，顺风向和横风向脉动风速谱的关系式为[228]：

$$S_v(n) = \frac{1}{2}\left[S_u(n) - \frac{ndS_u(n)}{dn}\right] \tag{5-30}$$

　　现有的桥梁抗风设计通常不考虑风向的影响，即假定风速都是垂直于桥面方向，然而实际的风速总是分布在不同风向之中，如图 5-9 所示。

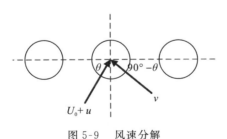

图 5-9　风速分解

　　因此，当平均风速、顺风向脉动风和横风向脉动风以风向角分解至垂直于桥面方向的风速时，其垂直桥面的风速可由下式计算得出：

$$u_0 = u\sin\theta + v\cos\theta$$

$$U = u_0 + U_0\sin\theta \tag{5-31}$$

式中,U_0 为平均风速;u 为顺风向脉动风速;v 为横风向脉动风速;θ 为风向;U 为吊杆处垂直于桥面方向的风速。

当将平均风速、顺风向脉动风和横风向脉动风以风向角分解至沿桥面方向的风速时,其沿桥面的风速可以由下式计算得出:

$$u_0 = u\cos\theta - v\sin\theta$$
$$U = u_0 + U_0\cos\theta \tag{5-32}$$

结合 Davenport 风速谱,可以分别计算出平均风速为 3m/s、6m/s、9m/s、12m/s 和 15m/s 时的顺风向脉动风速和横风向脉动风速,如图 5-10 至图 5-14 所示。

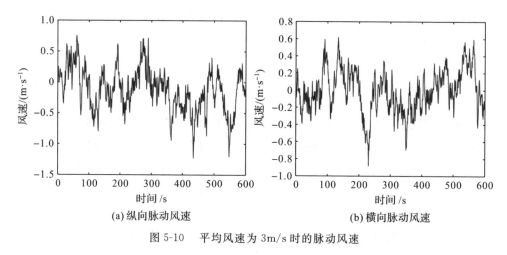

(a) 纵向脉动风速   (b) 横向脉动风速

图 5-10 平均风速为 3m/s 时的脉动风速

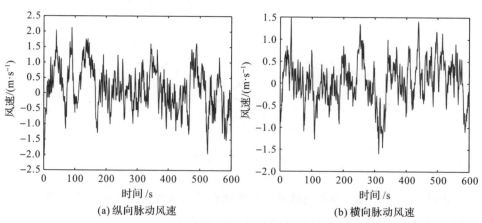

(a) 纵向脉动风速   (b) 横向脉动风速

图 5-11 平均风速为 6m/s 时的脉动风速

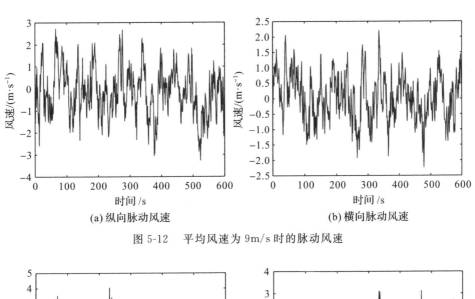

(a) 纵向脉动风速　　　　　　　　(b) 横向脉动风速

图 5-12　平均风速为 9m/s 时的脉动风速

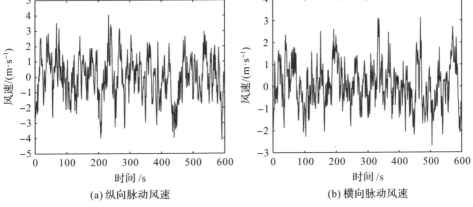

(a) 纵向脉动风速　　　　　　　　(b) 横向脉动风速

图 5-13　平均风速为 12m/s 时的脉动风速

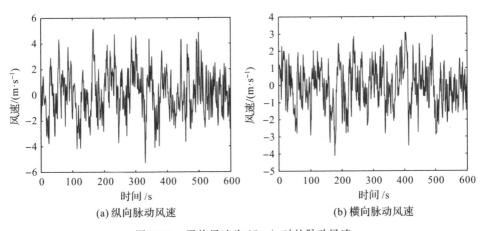

(a) 纵向脉动风速　　　　　　　　(b) 横向脉动风速

图 5-14　平均风速为 15m/s 时的脉动风速

当得到了风速时程曲线后,应将其转化为风荷载时程曲线施加到桥梁吊杆上,风速到风荷载的转换可以根据JTG/T 3360-01—2018《公路桥梁抗风设计规范》中的规定进行计算:

$$F_g = \frac{1}{2}\rho U_g^2 C_D A_n$$

$$U_g = G_V U_d \tag{5-33}$$

式中,U_d 为设计基准风速(m/s);G_V 为等效静阵风系数,其值为1.1858(九堡大桥全长1855m,且为 B 类地表);C_D 为阻力系数,偏保守计算该值取1;ρ 为空气密度,其值为 $1.25\mathrm{kg/m^3}$;A_n 为单位长度上的投影面积($\mathrm{m^2/m}$),对桥梁吊杆可按其直径计算;F_g 为单位长度上的风荷载(N/m)。

5.3.2 桥梁吊杆结构应力响应时程计算

对于桥梁吊杆结构而言,一方面,由于其直径与高度之比接近0,如果用三维实体单元对其进行建模,网格容易出现畸形;另一方面,由于需要输入长时间的风速时程,故会导致流-固耦合计算效率降低。因此,为提高桥梁吊杆应力响应时程计算效率,本节基于有限元软件COMSOL建立九堡大桥整桥杆系模型,用梁单元模块模拟桥梁吊杆构件;将吊杆上、下锚固端的边界条件设置为固定约束;结合上节的风荷载时程计算结果,将风荷载施加到九堡大桥桥梁吊杆上,如图 5-15 所示。

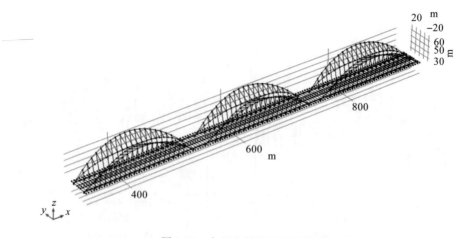

图 5-15 九堡大桥整桥杆系模型

　　以九堡大桥桥梁吊杆为例（高度为 39.9m 和直径为 0.077m），根据结构力学理论计算其在不同风速风向下的应力响应时程，下面只展示桥梁吊杆在垂直桥面平均风速为 15m/s，下风向角为 0°（180°）、45°（225°）、90°（270°）和 135°（315°）时的应力响应时程，如图 5-16 所示。

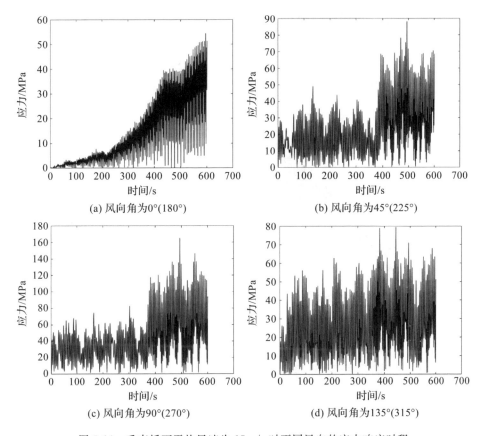

图 5-16　垂直桥面平均风速为 15m/s 时不同风向的应力响应时程

　　桥梁吊杆在沿桥面平均风速为 15m/s，下风向角为 0°（180°）、45°（225°）、90°（270°）和 135°（315°）时的应力响应时程，如图 5-17 所示。可见，由于横风向脉动风过小，不同风向角沿桥面吊杆应力响应时程与垂直桥面吊杆应力响应时程只相差 90°。

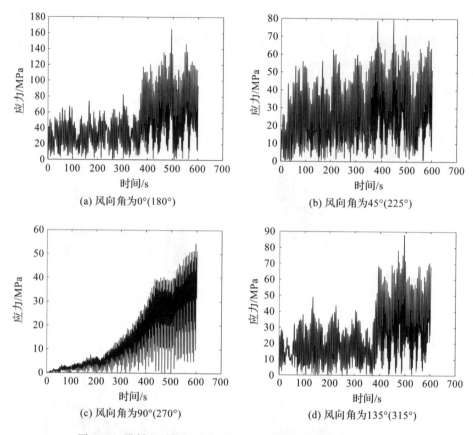

图 5-17　沿桥面平均风速为 15m/s 时不同风向的应力响应时程

5.3.3　桥梁吊杆疲劳寿命计算

将上节计算得到的应力响应时程代入雨流计数法中进行应力幅统计计数，可得到不同风速风向下的应力幅循环次数，下面只展示桥梁吊杆在垂直桥面平均风速为 15m/s，下风向角为 0°（180°）、45°（225°）、90°（270°）和 135°（315°）时的应力幅循环次数，如图 5-18 所示。

桥梁吊杆在沿桥面平均风速为 15m/s，下风向角为 0°（180°）、45°（225°）、90°（270°）和 135°（315°）时的应力响应时程，如图 5-19 所示。

当桥梁吊杆通过螺栓连接时，则可以选取公式(5-11)的 S-N 曲线计算出不同应力幅所对应的总循环次数，结合累计损伤计算模型，得到不同垂直桥面风速风向下桥梁吊杆的累计损伤和疲劳寿命，分别如表 5-2 和表 5-3 所示。

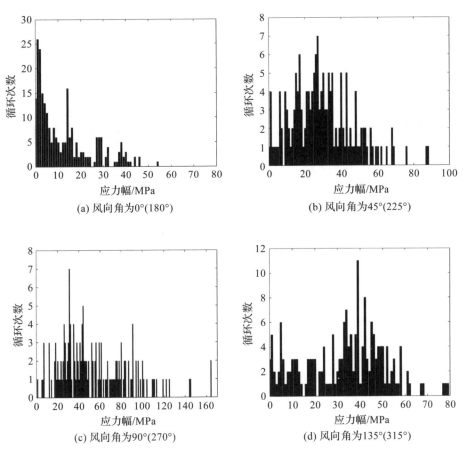

(a) 风向角为0°(180°)　　(b) 风向角为45°(225°)

(c) 风向角为90°(270°)　　(d) 风向角为135°(315°)

图 5-18　垂直桥面平均风速为 15m/s 时不同风向的应力幅统计

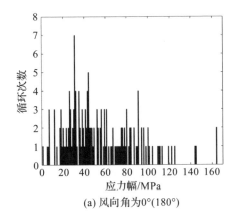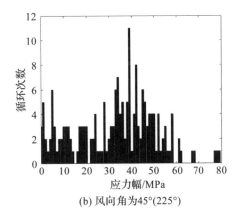

(a) 风向角为0°(180°)　　(b) 风向角为45°(225°)

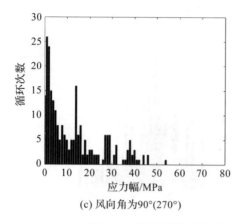 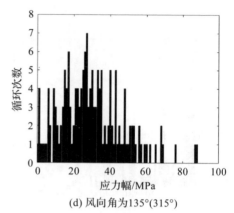

(c) 风向角为90°(270°) (d) 风向角为135°(315°)

图 5-19 沿桥面平均风速为 15m/s 时不同风向的应力幅统计

表 5-2 垂直桥面不同风速风向下吊杆的累计损伤(S-N 曲线)

风向/°	风速/(m·s⁻¹)				
	0~3	3~6	6~9	9~12	12~15
0	0	0	2.313×10^{-13}	3.450×10^{-11}	2.055×10^{-7}
45	8.239×10^{-13}	2.228×10^{-7}	4.334×10^{-7}	3.357×10^{-6}	9.778×10^{-7}
90	5.737×10^{-11}	1.362×10^{-7}	8.225×10^{-6}	7.324×10^{-6}	8.539×10^{-6}
135	2.648×10^{-12}	1.957×10^{-7}	5.703×10^{-7}	2.606×10^{-6}	1.249×10^{-6}
180	0	0	2.313×10^{-13}	3.450×10^{-11}	2.055×10^{-7}
225	8.239×10^{-13}	2.228×10^{-7}	4.334×10^{-7}	3.357×10^{-6}	9.778×10^{-7}
270	5.737×10^{-11}	1.362×10^{-7}	8.225×10^{-6}	7.324×10^{-6}	8.539×10^{-6}
315	2.648×10^{-12}	1.957×10^{-7}	5.703×10^{-7}	2.606×10^{-6}	1.249×10^{-6}

表 5-3 垂直桥面不同风速风向下吊杆的疲劳寿命(S-N 曲线) (单位:年)

风向/°	风速/(m·s⁻¹)				
	0~3	3~6	6~9	9~12	12~15
0	∞	∞	8.227×10^{7}	5.514×10^{5}	92.583
45	2.309×10^{7}	85.383	43.900	5.668	19.458
90	3.316×10^{5}	139.671	2.313	2.598	2.228
135	7.185×10^{6}	97.218	33.360	7.302	15.234
180	∞	∞	8.227×10^{7}	5.514×10^{5}	92.583
225	2.309×10^{7}	85.383	43.900	5.668	19.458
270	3.316×10^{5}	139.671	2.313	2.598	2.228
315	7.185×10^{6}	97.218	33.360	7.302	15.234

同理,结合累计损伤计算模型,得到沿桥面不同风速风向下桥梁吊杆的累计损伤和疲劳寿命,分别如表 5-4 和表 5-5 所示。

表 5-4　沿桥面不同风速风向下吊杆的累计损伤(S-N 曲线)

风向/°	风速/(m·s⁻¹)				
	$0\sim3$	$3\sim6$	$6\sim9$	$9\sim12$	$12\sim15$
0	5.737×10^{-11}	1.362×10^{-7}	8.225×10^{-6}	7.324×10^{-6}	8.539×10^{-6}
45	2.648×10^{-12}	1.957×10^{-7}	5.703×10^{-7}	2.606×10^{-6}	1.249×10^{-6}
90	0	0	2.313×10^{-13}	3.450×10^{-11}	2.055×10^{-7}
135	8.239×10^{-13}	2.228×10^{-7}	4.334×10^{-7}	3.357×10^{-6}	9.778×10^{-7}
180	5.737×10^{-11}	1.362×10^{-7}	8.225×10^{-6}	7.324×10^{-6}	8.539×10^{-6}
225	2.648×10^{-12}	1.957×10^{-7}	5.703×10^{-7}	2.606×10^{-6}	1.249×10^{-6}
270	0	0	2.313×10^{-13}	3.450×10^{-11}	2.055×10^{-7}
315	8.239×10^{-13}	2.228×10^{-7}	4.334×10^{-7}	3.357×10^{-6}	9.778×10^{-7}

表 5-5　沿桥面不同风速风向下桥梁吊杆的疲劳寿命(S-N 曲线)　　(单位:年)

风向/°	风速/(m·s⁻¹)				
	$0\sim3$	$3\sim6$	$6\sim9$	$9\sim12$	$12\sim15$
0	3.316×10^{5}	139.671	2.313	2.598	2.228
45	7.185×10^{6}	97.218	33.360	7.302	15.234
90	∞	∞	8.227×10^{7}	5.514×10^{5}	92.583
135	2.309×10^{7}	85.383	43.900	5.668	19.458
180	3.316×10^{5}	139.671	2.313	2.598	2.228
225	7.185×10^{6}	97.218	33.360	7.302	15.234
270	∞	∞	8.227×10^{7}	5.514×10^{5}	92.583
315	2.309×10^{7}	85.383	43.900	5.668	19.458

此外,当桥梁吊杆通过焊接进行连接时,可以选取公式(5-15)中的主 S-N 曲线计算出不同应力幅对应的总循环次数,并结合累计损伤计算模型,得到不同垂直桥面风速风向下桥梁吊杆的累计损伤和疲劳寿命,分别如表 5-6 和表 5-7 所示。

表 5-6　垂直桥面不同风速风向下吊杆的累计损伤（主 $S-N$ 中值曲线）

风向/°	风速/(m·s⁻¹)				
	0～3	3～6	6～9	9～12	12～15
0	0	0	5.586×10^{-13}	5.309×10^{-11}	1.333×10^{-7}
45	1.990×10^{-12}	1.429×10^{-7}	2.768×10^{-7}	1.665×10^{-6}	5.407×10^{-7}
90	9.197×10^{-11}	9.028×10^{-8}	3.836×10^{-6}	3.341×10^{-6}	3.711×10^{-6}
135	5.770×10^{-12}	1.262×10^{-7}	3.419×10^{-7}	1.321×10^{-6}	7.065×10^{-7}
180	0	0	5.586×10^{-13}	5.309×10^{-11}	1.333×10^{-7}
225	1.990×10^{-12}	1.429×10^{-7}	2.768×10^{-7}	1.665×10^{-6}	5.407×10^{-7}
270	9.197×10^{-11}	9.028×10^{-8}	3.836×10^{-6}	3.341×10^{-6}	3.711×10^{-6}
315	5.770×10^{-12}	1.262×10^{-7}	3.419×10^{-7}	1.321×10^{-6}	7.065×10^{-7}

表 5-7　垂直桥面不同风速风向下吊杆的疲劳寿命（主 $S-N$ 中值曲线）　（单位：年）

风向/°	风速/(m·s⁻¹)				
	0～3	3～6	6～9	9～12	12～15
0	∞	∞	3.406×10^{7}	3.584×10^{5}	142.755
45	9.560×10^{6}	133.170	68.740	11.426	35.189
90	2.069×10^{5}	210.736	4.960	5.695	5.128
135	3.297×10^{6}	150.824	55.643	14.404	26.930
180	∞	∞	3.406×10^{7}	3.584×10^{5}	142.755
225	9.560×10^{6}	133.170	68.740	11.426	35.189
270	2.069×10^{5}	210.736	4.960	5.695	5.128
315	3.297×10^{6}	150.824	55.643	14.404	26.930

　　同理，结合累计损伤计算模型，得到沿桥面不同风速风向下桥梁吊杆的累计损伤和疲劳寿命，分别如表 5-8 和表 5-9 所示。

表 5-8　沿桥面不同风速风向下吊杆的累计损伤（主 $S-N$ 中值曲线）

风向/°	风速/(m·s⁻¹)				
	0～3	3～6	6～9	9～12	12～15
0	9.197×10^{-11}	9.028×10^{-8}	3.836×10^{-6}	3.341×10^{-6}	3.711×10^{-6}
45	5.770×10^{-12}	1.262×10^{-7}	3.419×10^{-7}	1.321×10^{-6}	7.065×10^{-7}
90	0	0	5.586×10^{-13}	5.309×10^{-11}	1.333×10^{-7}
135	1.990×10^{-12}	1.429×10^{-7}	2.768×10^{-7}	1.665×10^{-6}	5.407×10^{-7}
180	9.197×10^{-11}	9.028×10^{-8}	3.836×10^{-6}	3.341×10^{-6}	3.711×10^{-6}
225	5.770×10^{-12}	1.262×10^{-7}	3.419×10^{-7}	1.321×10^{-6}	7.065×10^{-7}
270	0	0	5.586×10^{-13}	5.309×10^{-11}	1.333×10^{-7}
315	1.990×10^{-12}	1.429×10^{-7}	2.768×10^{-7}	1.665×10^{-6}	5.407×10^{-7}

表 5-9　沿桥面不同风速风向下桥梁吊杆的疲劳寿命(主 S-N 中值曲线)　(单位:年)

风向/°	风速/(m·s⁻¹)				
	$0\sim3$	$3\sim6$	$6\sim9$	$9\sim12$	$12\sim15$
0	2.069×10^5	210.736	4.960	5.695	5.128
45	3.297×10^6	150.824	55.643	14.404	26.930
90	∞	∞	3.406×10^7	3.584×10^5	142.755
135	9.560×10^6	133.170	68.740	11.426	35.189
180	2.069×10^5	210.736	4.960	5.695	5.128
225	3.297×10^6	150.824	55.643	14.404	26.930
270	∞	∞	3.406×10^7	3.584×10^5	142.755
315	9.560×10^6	133.170	68.740	11.426	35.189

从上表可以看出,桥梁吊杆的疲劳损伤对风速和风向的变化非常敏感,风速和风向对桥梁吊杆疲劳寿命的影响不可忽略。分析整体趋势可以得出,随着风速增加,桥梁吊杆的疲劳寿命在逐渐减小。结合考虑风速风向联合作用的疲劳寿命计算模型,进一步得到了九堡大桥桥梁吊杆的风致疲劳寿命。基于 S-N 曲线,垂直于桥面方向的风致疲劳寿命为 179.458 年、沿桥面方向的风致疲劳寿命为 1359.723 年;基于主 S-N 中值曲线,垂直于桥面方向的风致疲劳寿命为 366.321 年、沿桥面方向的风致疲劳寿命为 2179.175 年。可见,在风荷载作用下,桥梁吊杆的使用寿命远大于桥梁结构的设计使用期(100 年),这主要是因为 2015 年九堡大桥高 6m 处的风速集中于 3m/s。

5.4　本章小结

本章结合四种湍流模型对九堡大桥吊杆实体模型进行了流体力学计算,分析了不同风速和风向对桥梁吊杆的影响,并根据结构动力学计算了吊杆在稳态风场环境下的应力响应。为提高风致桥梁吊杆振动的流-固耦合计算效率,本章建立了九堡大桥整桥杆系模型并根据结构动力学方法计算出时变风场下桥梁吊杆的时变应力响应时程曲线。本章根据传统累积损伤模型,推导了考虑风速风向联合作用的累积疲劳损伤模型,并选取 S-N 曲线计算了桥梁吊杆的疲劳寿命。通过数值计算,得出以下结论。①基于 CFD 模型分析出不同风向下吊杆间会出现尾流致振的现象,即驰振,因此需要考虑风向对桥梁吊杆的影响。②桥梁吊杆实体模型在稳态风场环境下的应力值与桥梁吊杆杆系模型在初始瞬态风场环境下的应力值大致相同,因此可以用桥梁杆系模型代替其实体模型,从而提高桥梁吊杆应力响应时程曲线的计算效率。③基于九堡大桥桥梁健康监测系统实测的风场监测数据,使用考虑风速风向联合作用的累积疲劳损伤模型对桥梁吊杆进行疲劳计算,进一步得到了九堡大桥桥梁吊杆的风致疲劳寿命。基于 S-N 曲线,垂直于桥面方向的风致疲劳寿命为 179.458 年、沿桥面方向的风致疲劳寿命为 1359.723 年;基于主 S-N 中值曲线,垂直于桥面方向的风致疲劳寿命为 366.321 年、沿桥面方向的风致疲劳寿命为 2179.175 年。可见,在风荷载作用下,桥梁吊杆的使用寿命远大于桥梁结构的设计使用期(100 年),这主要是因为 2015 年九堡大桥高 6m 处的风速集中于 3m/s。

第 6 章
考虑腐蚀作用的桥梁吊杆疲劳寿命计算

桥梁吊杆是拱桥的重要受力构件,若防护不当出现吊杆表面破损,则吊杆内的钢丝容易受到环境腐蚀影响,钢丝表面会产生腐蚀坑,进而发展成为裂纹破坏钢丝结构[229]。从上一章可以看出,桥梁吊杆在循环风荷载作用下会出现疲劳问题,进而大幅度降低桥梁吊杆的使用寿命,因此环境因素对桥梁吊杆的服役寿命有着很大影响。郑祥隆等[230]提出了一种钢丝在预腐蚀后的疲劳寿命计算模型,分析得出随着腐蚀程度的增加,疲劳极限会出现整体下移的趋势。Yao 等[231]构建了盐雾室来模拟腐蚀环境,分析腐蚀程度对桥梁吊杆疲劳寿命的影响,得到了吊杆在腐蚀环境下的疲劳性能退化规律。可见,在腐蚀环境和疲劳荷载的共同作用下,桥梁吊杆的疲劳寿命会出现明显的降低。但腐蚀疲劳作用是一个互相耦合、互相作用的过程,只采用预腐蚀的试验和模拟方法并不能充分反映腐蚀作用对桥梁吊杆疲劳寿命的影响。

为了研究腐蚀-疲劳耦合作用机理,目前最常用的方法仍然是腐蚀-疲劳耦合试验和腐蚀-疲劳数值模拟。Guo 等[232]提出了一套腐蚀-疲劳耦合试验技术方法,研究了钢丝疲劳性能与腐蚀过程中的电化学性能之间的相关性,并依此对钢丝进行了疲劳寿命计算。吴甜宇等[233]通过开展室内盐雾加速腐蚀试验,分析交变应力与腐蚀环境耦合作用下的钢丝损伤机理,得出了钢丝的疲劳寿命与腐蚀程度的关系。尽管通过试验能够计算出钢丝腐蚀-疲劳耦合作用下的疲劳寿命,但不同的钢丝具有不同的疲劳特性,故需要花费大量的时间和金钱。并且,现有的试验技术仍很难完全表征钢丝的腐蚀-疲劳耦合过程,所获得的疲劳寿命曲线不能完全反映钢丝的真实服役情况。相比于试验方法,数值计算手段可以通过调整钢丝不同参数获得腐蚀-疲劳耦合作用下的疲劳寿命曲线。因此,数值模型的准确建立是该方法的重要一步。Wu 等[234]基于点蚀理论,提出了一种考虑腐蚀环境作用的疲劳寿命预测模型,并根据 FV520B 钢的腐蚀疲劳试验结果验证了该模型的有效性。马亚飞等[235]根据疲劳裂纹的萌生和发展规律,结合腐蚀疲劳试验数据拟合得到的高强钢丝疲劳裂纹增长参数,提出了基于等效初始裂纹尺寸的吊杆疲劳寿命预测模型。

Liu 等[236]综合考虑了钢丝裂纹深度和失效面积对钢丝疲劳寿命的影响，建立了考虑点蚀、点蚀-裂纹转化和裂纹扩展的钢丝腐蚀疲劳耦合寿命模型，并结合江阴长江大桥的实测数据验证了该模型的有效性。

本章结合腐蚀-疲劳耦合作用机理，推导出了腐蚀疲劳过程中点蚀坑萌生阶段、短裂纹扩展阶段和长裂纹扩展阶段模型，建立了通用的三阶段腐蚀疲劳耦合寿命曲线。本章以国产 1860 级低松弛预应力钢丝为研究对象，推导出了基于 1860 级钢丝 $S-N$ 曲线的腐蚀疲劳耦合寿命曲线。基于有限元软件 COMSOL 建立了三维含腐蚀坑的钢丝模型，分析不同腐蚀坑形貌对吊杆的应力集中系数的影响；同时建立二维的含腐蚀坑的钢丝模型，分析了不同腐蚀环境（腐蚀电流、大气腐蚀速率、风荷载的加载频率和腐蚀坑形貌）对吊杆疲劳寿命的影响。

6.1 桥梁吊杆腐蚀-疲劳耦合寿命曲线计算模型

6.1.1 腐蚀-疲劳耦合作用机理

桥梁吊杆在服役过程中会遭受外部环境的腐蚀作用。桥梁吊杆的腐蚀主要涉及氧、水和其他化学物质的反应，因此腐蚀作用被认为是两种金属区域之间的电化学反应过程。其中，腐蚀程度高的金属区域被定为阳极区域，腐蚀程度低的金属区域被定为阴极区域，在桥梁工程中，最常见的电解质有水、酸雨和盐溶液等。结合化学工程可知，当阳极、电解质、阴极连通时，金属内部便会产生电流，电子将金属离子从阳极带向阴极。当负电子离开阳极时，金属铁离子（Fe^{2+}）被释放到电解质中，铁离子会与其他离子结合产生腐蚀产物（Fe_3O_4）。可见，在整个腐蚀过程中，阴极完好无损，而阳极则失去金属铁离子，从而导致金属发生腐蚀破坏，化学反应方程如下[237]。

腐蚀过程中，电化学阳极区域的化学反应方程为：

$$Fe - 2e^- \longrightarrow Fe^{2+} \tag{6-1}$$

腐蚀过程中，电化学阴极区域的化学反应方程为：

$$O_2 + 2H_2O + 4e^- \longrightarrow 4OH^-$$

$$Fe^{2+} + 2OH^- \longrightarrow Fe(OH)_2$$

$$4Fe(OH)_2 + O_2 \longrightarrow 4FeOOH + 2H_2O$$

$$3FeOOH + e^- \longrightarrow Fe_3O_4 + H_2O + OH^- \tag{6-2}$$

在风荷载和腐蚀环境的共同作用下,桥梁吊杆的抗疲劳性能相较于单一风荷载作用会大幅度降低。即在腐蚀-疲劳耦合过程中,腐蚀环境中的电化学作用会引起桥梁吊杆(金属钢材)内部微观结构发生变化,如材料内部氢溶度含量增加、化学元素组成变化、晶粒尺寸改变等,进而诱发局部腐蚀,导致点蚀成核。由于应力集中效应,在风荷载的循环作用下,蚀坑逐渐转化为疲劳裂纹(短裂纹扩展阶段和长裂纹扩展阶段)。在形成疲劳裂纹后,裂纹处更容易被环境腐蚀,随着腐蚀程度的增加,腐蚀作用加快疲劳裂纹的扩展,其腐蚀-疲劳耦合作用机理如图 6-1 所示。

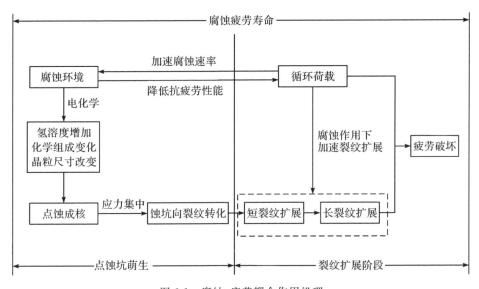

图 6-1　腐蚀-疲劳耦合作用机理

从上图可知,桥梁吊杆的腐蚀-疲劳耦合作用主要分为腐蚀疲劳点蚀坑萌生阶段、腐蚀疲劳短裂纹扩展阶段和腐蚀疲劳长裂纹扩展阶段三个阶段。在腐蚀疲劳点蚀坑萌生阶段中,主要由腐蚀环境的电化学起主导作用,导致桥梁吊杆表面产生腐蚀坑;在腐蚀疲劳裂纹扩展阶段中,主要由风荷载的循环作用产生的疲劳劣化起主导作用,导致桥梁吊杆抗疲劳性能下降。因此,桥梁吊杆的腐蚀-疲劳寿命可以表示为:

$$t = t_d + t_s + t_l \tag{6-3}$$

式中,t 为吊杆的腐蚀-疲劳寿命;t_d 为腐蚀疲劳点蚀坑萌生阶段历时;t_s 为腐蚀疲劳短裂纹扩展阶段历时;t_l 为腐蚀疲劳长裂纹扩展阶段历时。

6.1.2　腐蚀疲劳点蚀坑萌生阶段

腐蚀疲劳点蚀坑可以近似看成是半个椭球体,如图 6-2 所示,图中 a、b、c 分别为点蚀坑深度、宽度、长度[238]。

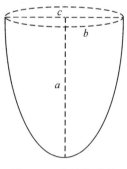

图 6-2　点蚀坑形貌

在腐蚀疲劳点蚀坑萌生阶段,根据法拉第定律,点蚀坑增长速率可以表示为[238]:

$$\frac{\mathrm{d}V}{\mathrm{d}t} = \frac{MI_p}{nF\rho} \tag{6-4}$$

式中,V 为点蚀坑的体积,$V = \frac{2}{3}\pi abc$;M 为摩尔质量,对于桥梁吊杆(其主要材料为钢材),其值为 $56 \times 10^{-3}\mathrm{kg/mol}$;$n$ 为释放电子数,对于桥梁吊杆材料,其值为 2;F 为法拉第常数,其值为 $96500\mathrm{C/mol}$;ρ 为材料密度,对于桥梁吊杆材料,其值为 $7850\mathrm{kg/m^3}$;I_p 为点蚀坑处电流,其计算方式如下:

$$I_p = I_{p_0} \exp\left(-\frac{\Delta H}{RT}\right) \tag{6-5}$$

式中,I_{p_0} 为电蚀电流系数;ΔH 为单位体积活化能变化量,$\Delta H = 15.5 \times 10^3 \mathrm{J/mol}$;$R$ 为气体常数,$R = 8.314\mathrm{J/mol \cdot K}$;$T$ 为绝对温度,$T = 293\mathrm{K}$。

随着腐蚀作用的不断增强,点蚀坑会逐渐扩展成裂缝,在这一过程中需要满足下式应力强度因子准则[239]:

$$\Delta K_{nuc} \geqslant \Delta K_{th} \tag{6-6}$$

式中,ΔK_{th} 为短裂纹扩展阈值;ΔK_{nuc} 为蚀坑底部应力强度因子。

许多学者通过大量试验拟合得到了短裂纹扩展阈值 ΔK_{th} 的表达式[229]:

$$\Delta K_{th} = -1.6 \times 10^{-3}\sigma_y + 5.42 - 1.16R \tag{6-7}$$

式中,σ_y 为材料屈服强度;R 为应力比,即结构最小应力与最大应力的比值。

ΔK_{nuc} 可以通过下式计算[237]：

$$\Delta K_{nuc} = \left(\frac{4.4}{\pi}\right) K_t S \sqrt{\pi a} \qquad (6-8)$$

因此,腐蚀坑向裂纹转化的临界尺寸 a_{psc} 可以被表达为：

$$a_{psc} = \pi \left(\frac{\Delta K_{th}}{4.4 K_t S}\right)^2 \qquad (6-9)$$

式中,K_t 为腐蚀坑处产生应力集中时结构的最大应力与结构整体平均应力的比值,即应力集中系数,其可以通过有限元的方法模拟计算得出。

为了分析含腐蚀坑的桥梁吊杆钢丝应力分布与腐蚀坑形貌三个参数的关系,本节通过 COMSOL 软件建立桥梁吊杆钢丝三维有限元模型,如图 6-3(a)。其中假定桥梁吊杆内钢丝长度为 40mm,半径为 7mm,弹性模量为 1.9×10^8kPa,密度为 7850kg/m³,泊松比为 0.3。其边界条件为:一端为固定端,另一端设置拉力强度为 500MPa。含腐蚀坑的钢丝有限元模型中网格包含 2271 个域单元、544 个边界元和 86 个边单元,如图 6-3(b)所示。从网格独立性检验中可以看出,大部分的网格接近于 1,即不同网格数量下的模拟计算结果不会有偏差。

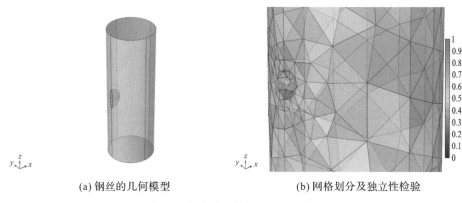

(a) 钢丝的几何模型　　　　　　　(b) 网格划分及独立性检验

图 6-3　含腐蚀坑的钢丝有限元模型

假定 $a=3$mm,$b=c$,计算不同宽深比(b/a)对桥梁吊杆应力集中系数的影响。下面只展示部分有限元模拟结果,如图 6-4 所示。从图中可以看出,当 $b/a=0.4$,$c/a=0.4$ 时,腐蚀坑处的应力最大,即随着宽深比和长深比的增加,应力集中系数先增大而后减小,这说明表征腐蚀坑形貌的三个参数均对钢丝的应力有着很大影响。

假定 $c=3$mm,$b=a$,计算不同宽长比(b/c)对桥梁吊杆应力集中系数的影响。下面只展示部分有限元模拟结果,如图 6-5 所示。从图中可以看出,随着宽长比的增加,桥梁吊杆钢丝应力集中系数逐渐增加。

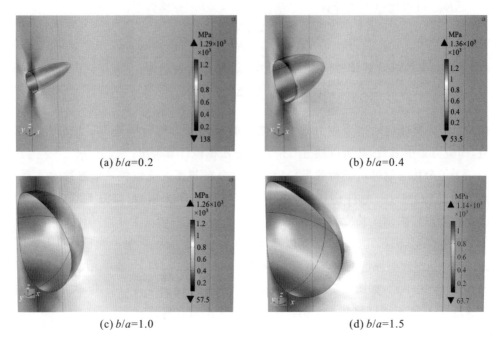

(a) b/a=0.2   (b) b/a=0.4

(c) b/a=1.0   (d) b/a=1.5

图 6-4   不同腐蚀坑宽深比(b/a 且 $b=c$)下钢丝应力分布

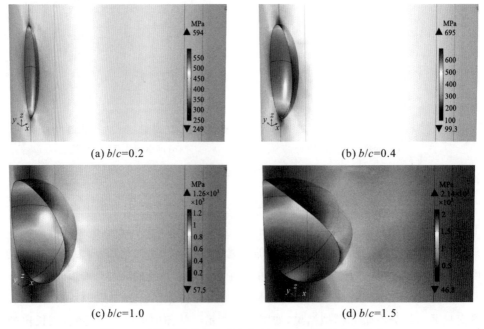

(a) b/c=0.2   (b) b/c=0.4

(c) b/c=1.0   (d) b/c=1.5

图 6-5   不同腐蚀坑宽长比(b/c 且 $b=a$)下钢丝应力分布

假定 $b=3\mathrm{mm}$，$c=a$，计算不同长宽比(c/b)对桥梁吊杆应力集中系数的影响。下面只展示部分有限元模拟结果，如图 6-6 所示。从图中可以看出，当 $c/b=0.2$、$a/b=0.2$ 时，腐蚀坑处的最大应力与 $c/b=1.5$、$a/b=1.5$ 时的腐蚀坑处的最大应力相等；当 $c/b=0.4$、$a/b=0.4$ 时，腐蚀坑处的最大应力与 $c/b=1.0$ 和 $a/b=1.0$ 时的腐蚀坑处的最大应力相等，这说明表征腐蚀坑形貌的三个参数均对钢丝的应力有着很大的影响。

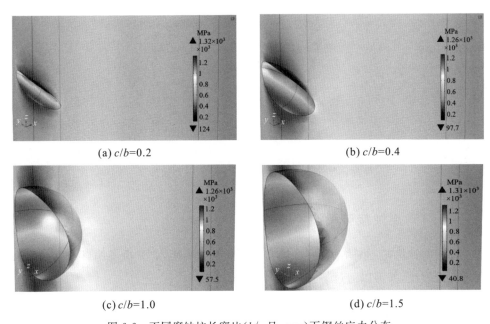

(a) $c/b=0.2$　　　　　　　　　　　　(b) $c/b=0.4$

(c) $c/b=1.0$　　　　　　　　　　　　(d) $c/b=1.5$

图 6-6　不同腐蚀坑长宽比(b/c 且 $c=a$)下钢丝应力分布

假定 $a=b=c=3\mathrm{mm}$，计算不同吊杆半径对桥梁吊杆应力集中系数的影响。下面只展示部分有限元模拟结果，如图 6-7 所示。从图中可知，随着桥梁吊杆内钢丝半径的逐渐增加，钢丝的应力集中系数整体呈减小的趋势，这是因为随着钢丝半径的增加，腐蚀坑占整体结构的比例相应减小，从而导致应力集中系数减小。

结合上述计算过程，点蚀坑萌生阶段历时可以被表示为：

$$t_d = \frac{2\pi a_{psc}bcnF\rho}{3MI_p} \tag{6-10}$$

进一步，为考虑疲劳荷载(风荷载)对腐蚀过程的加速作用，上式可以被修正为[239,240]：

$$t_d = \frac{2\pi a_{psc}bcnF\rho}{3MI_p(C_p)^{3S}} \tag{6-11}$$

式中，C_p 为循环荷载作用因子，当为钢材时，其值为 $1.005 \sim 1.010$；S 为应力幅。

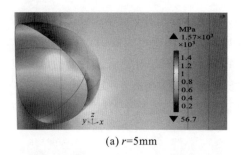

(a) r=5mm

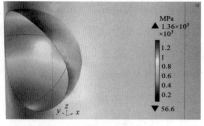

(b) r=6mm

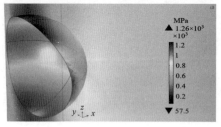

(c) r=7mm

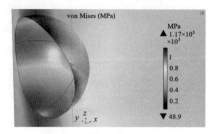

(d) r=8mm

图 6-7 不同桥梁吊杆半径下应力分布

6.1.3 腐蚀疲劳裂纹扩展阶段

随着腐蚀坑的不断增大,腐蚀坑会逐渐向裂纹转换,此时桥梁吊杆内钢丝表面会出现短裂纹,其可以通过下式表达[241]:

$$\frac{\mathrm{d}a}{\mathrm{d}N_s} = C_{\mathrm{corr}}C_s(\Delta K)^{m_s}$$

$$\Delta K = 2YS\sqrt{\pi a} \qquad (6\text{-}12)$$

式中,C_{corr} 为裂纹扩展腐蚀加速因子;C_s 为短裂纹的疲劳系数;m_s 为短裂纹疲劳指数;S 为应力幅;N_s 为应力循环次数,其可以通过时间和频率相乘得到;Y 为裂纹形状因子,其可以通过下式计算得到[242]:

$$Y\left(\frac{a}{D}\right) = 0.7282 - 2.1425\left(\frac{a}{D}\right) + 18.082\left(\frac{a}{D}\right)^2 - 49.385\left(\frac{a}{D}\right)^3 + 66.114\left(\frac{a}{D}\right)^4$$

$$(6\text{-}13)$$

式中,D 为桥梁吊杆钢丝直径。

因此,短裂纹的扩展阶段历时为:

$$t_s = \frac{1}{f}\int_{a_{psc}}^{a_{tr}} \frac{1}{C_{\mathrm{corr}}C_s(\Delta K)^{m_s}}\mathrm{d}a \qquad (6\text{-}14)$$

式中,f 为循环荷载加载频率;a_{tr} 为短裂纹过渡到长裂纹的临界尺寸。

当裂缝进一步扩展,即成为长裂纹时,其表达式为:

$$\frac{\mathrm{d}a}{\mathrm{d}N_l} = C_{\mathrm{corr}} C_l (\Delta K)^{m_l} \tag{6-15}$$

式中,C_l 为长裂纹疲劳系数;m_l 为长裂纹疲劳指数。

因此,长裂纹的扩展阶段历时为:

$$t_l = \frac{1}{f} \int_{a_{tr}}^{a_{lr}} \frac{1}{C_{\mathrm{corr}} C_l (\Delta K)^{m_l}} \mathrm{d}a \tag{6-16}$$

式中,a_{lr} 为长裂纹扩展到失效的临界尺寸,其值为 $0.5D$[243]。

根据上述腐蚀疲劳点蚀坑萌生历时、腐蚀疲劳短裂纹扩展历时和腐蚀疲劳长裂纹扩展历时可以得到,腐蚀作用下的疲劳寿命为:

$$t = \frac{2\pi a_{psc} bcnF\rho}{3MI_p (C_p)^{3S}} + \frac{1}{f} \int_{a_{psc}}^{a_{tr}} \frac{1}{C_{\mathrm{corr}} C_s (\Delta K)^{m_s}} \mathrm{d}a + \frac{1}{f} \int_{a_{tr}}^{a_{lr}} \frac{1}{C_{\mathrm{corr}} C_l (\Delta K)^{m_l}} \mathrm{d}a$$

$$\tag{6-17}$$

将上式积分并两边乘以循环荷载加载频率后,可以计算出对应的应力循环次数,即得到在腐蚀作用下考虑点蚀坑萌生、短裂纹扩展、长裂纹扩展三阶段的 S-N 曲线:

$$N = \frac{2\pi a_{psc} bcnF\rho f}{3MI_p (C_p)^{3S}} + \frac{a_{psc}^{1-m_s/2} - a_{tr}^{1-m_s/2}}{(m_s/2 - 1) C_{\mathrm{corr}} C_s (2YS\sqrt{\pi})^{m_s}} + \frac{a_{tr}^{1-m_l/2} - a_{lr}^{1-m_l/2}}{(m_l/2 - 1) C_{\mathrm{corr}} C_l (2YS\sqrt{\pi})^{m_l}}$$

$$\tag{6-18}$$

6.1.4　腐蚀疲劳耦合寿命曲线

6.1.4.1　吊杆疲劳寿命曲线

为了更为直观地对比腐蚀-疲劳耦合寿命曲线、腐蚀作用下 S-N 曲线(非耦合)和 S-N 曲线(不考虑腐蚀作用)的差异。以国产 1860 级低松弛预应力钢丝为研究对象,其 S-N 曲线如下式所示[215]:

$$N = A(\Delta S)^{-m} \tag{6-19}$$

式中,N 为在应力作用下的总循环次数;ΔS 为疲劳应力幅值;A、m 为与材料相关的常数,其中 $A = 10^{13.84}$,$m = 3.5$。

6.1.4.2　腐蚀作用下吊杆疲劳寿命曲线

国产 1860 级低松弛预应力钢丝的腐蚀作用下 S-N 曲线(非耦合),即只考虑腐蚀对钢丝 S-N 曲线中的参数影响,不考虑点蚀坑萌生和疲劳裂纹扩展对钢丝的影响[244]:

$$N = A_1 (\Delta S)^{-m}$$

$$A_1 = A/K_f$$

$$K_f = 1.2 + 5.77C(t)$$

$$C(t) = kt^r \qquad (6\text{-}20)$$

式中,$C(t)$ 表示点蚀深度函数;t 为服役年限;k 为服役一年后的腐蚀深度(mm);r 为腐蚀速率;K_f 为疲劳折减系数。

6.1.4.3 吊杆腐蚀-疲劳耦合寿命曲线

在腐蚀-疲劳耦合寿命曲线中,英国的规范建议钢材的短裂纹扩展阈值 ΔK_{th} 取值为 $2\text{MPa} \cdot \text{m}^{0.5}$,$a_{tr}$ 取值为 1mm,C_s 取值为 9.38×10^{-13},m_s 取值为 3,C_l 取值为 2.7×10^{-11},m_l 取值为 $2.88^{[245\text{-}246]}$。结合公式(6-12)和公式(6-19),腐蚀疲劳耦合寿命曲线中,裂纹扩展腐蚀加速因子可以由下式计算得到:

$$C_{\text{corr}} = \int_{a_{psc}}^{a_{tr}} \frac{\mathrm{d}a}{A_1 (\Delta S)^{-m} C_s (2Y \sqrt{\pi a})^{m_s}} \qquad (6\text{-}21)$$

将裂纹扩展腐蚀加速因子代入三阶段 S-N 曲线中,可以得到国产 1860 级低松弛预应力钢丝在腐蚀-疲劳耦合作用下的寿命曲线。假设腐蚀坑形貌尺寸 $a = b = c = 1\text{mm}$,$D = 14\text{mm}$,$K_t = 2.34$(有限元计算结果),$C_p = 1.01$,$I_p = 1.31 \times 10^{-9}\text{C/s}$,$k = 0.047$,$r = 0.39$,$f = 1\text{Hz}$。将上述三种曲线进行对比,如图 6-8 所示。根据 GB 50017—2017《钢结构设计规范》,其容许应力幅的总循环次数 N 为 2×10^6 次。因此,当总循环次数 $N = 2 \times 10^6$ 时,基于 N-S 曲线计算出的应力幅为 143MPa;基于腐蚀-疲劳寿命曲线(非耦合)计算出的应力幅为 106MPa;基于腐蚀-疲劳耦合寿命曲线计算出的应力幅为 53MPa。可见,考虑腐蚀作用后,钢丝的抗疲劳性能会迅速降低;当考虑腐蚀疲劳耦合作用时,钢丝的抗疲劳性能相比于非耦合作用下降一半。

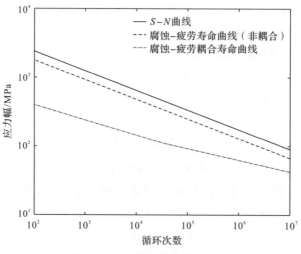

图 6-8　三种疲劳寿命曲线对比

6.2　腐蚀环境因素对桥梁吊杆疲劳寿命的影响

在点蚀坑萌生、短裂纹扩展、长裂纹扩展的三阶段 $S-N$ 曲线中,有一部分参数需要通过试验方法来获得,而另一部分参数与腐蚀环境密切有关。因此在本节中,试验参数根据英国标准选取,并计算不同腐蚀环境因素(腐蚀电流、大气腐蚀速率、环境荷载加载频率、腐蚀坑形貌)对桥梁吊杆疲劳寿命的影响。

6.2.1　腐蚀电流对吊杆疲劳寿命的影响

在我国,桥梁服役环境气候存在着较大差异,并且空气中的温度、湿度和污染物在不同地区的差异也很大。因此,不同气候环境对桥梁吊杆的腐蚀等级不同,如表 6-1 所示。

表 6-1　不同气候环境中的腐蚀电流

气候环境	腐蚀等级	$I_p/(C \cdot s^{-1})$
乡村大气环境	低	2.99×10^{-10}
城市大气环境	低	1.31×10^{-9}
城市酸雨环境	中	5.48×10^{-9}
海洋大气环境	中	3.51×10^{-9}

假设腐蚀坑形貌尺寸 $a=b=c=1\text{mm}$, $D=14\text{mm}$, $K_t=2.34$, $C_p=1.01$, $k=0.047$, $r=0.39$, $f=1\text{Hz}$。将表中的参数代入三阶段 $S-N$ 曲线中,得到不同腐蚀电流下的吊杆腐蚀-疲劳耦合曲线,如图 6-9 所示。从图中可以看出,当总循环次数 $N=2 \times 10^6$ 时,乡村大气环境中吊杆的应力幅为 58MPa;城市大气环境中吊杆的应力幅为 53MPa;城市酸雨环境中吊杆的应力幅为 50MPa;海洋大气环境中吊杆的应力幅为 51MPa。可见,随着腐蚀电流的增大,桥梁吊杆钢丝疲劳性能会迅速降低。

6.2.2　大气腐蚀速率对吊杆疲劳寿命的影响

除了受腐蚀电流的影响外,不同的城市桥梁吊杆在大气环境中的腐蚀速率和腐蚀深度也不一样,即碳钢材料在不同城市的大气环境中腐蚀速率不一样,如表 6-2 所示[247]。

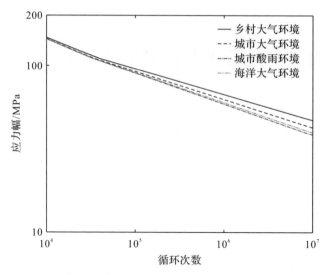

图 6-9 腐蚀电流对吊杆疲劳寿命的影响

表 6-2 中国不同城市的碳钢材料大气腐蚀速率

城市	环境	特点	k/mm	r
北京	乡村	—	0.032	0.45
青岛	海洋	距海 34m	0.058	0.57
武汉	城市	—	0.047	0.39
重庆	城市	酸雨	0.083	0.45
广州	城市	—	0.060	0.48
琼海	城市	湿热	0.024	1.03
万宁	海洋	距海 350m	0.033	1.06

假设腐蚀坑形貌尺寸 $a=b=c=1\mathrm{mm}$,$D=14\mathrm{mm}$,$K_t=2.34$(三维有限元模型计算),$C_p=1.01$,$I_p=1.31\times10^{-9}\mathrm{C/s}$,$f=1\mathrm{Hz}$。分别选取北京、青岛、武汉和广州的碳钢材料腐蚀速率代入三阶段 S-N 曲线中,得到不同大气腐蚀速率下的吊杆腐蚀-疲劳耦合曲线,如图 6-10 所示。从图中可以看出,当总循环次数 $N=2\times10^6$ 时,北京-乡村环境中吊杆的应力幅为 54MPa;青岛-海洋环境中吊杆的应力幅为 48MPa;武汉-城市环境中吊杆的应力幅为 53MPa;广州-城市环境中吊杆的应力幅为 50MPa。可见,相同的条件下,沿海城市即靠近海洋环境的城市,桥梁吊杆钢丝的抗疲劳性能最差。

6.2.3 加载频率对吊杆疲劳寿命的影响

在环境风荷载作用下,桥梁吊杆会出现疲劳破坏,这是因为风荷载具有随机性

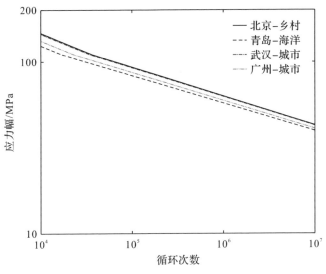

图 6-10　大气腐蚀速率对吊杆疲劳寿命的影响

和明显的循环特征,属于小应力幅、大周次的高周疲劳问题。因此,在腐蚀疲劳耦合过程中,风荷载的循环周期,即加载频率对吊杆疲劳寿命也存在着较大的影响。假设腐蚀坑形貌尺寸 $a=b=c=1\mathrm{mm}$, $D=14\mathrm{mm}$, $K_t=2.34$(三维有限元模型计算), $C_p=1.01$, $k=0.047$, $r=0.39$, $I_p=1.31\times10^{-9}\mathrm{C/s}$。选取不同加载频率(0.1Hz、0.5Hz、1.0Hz、2.0Hz 和 4.0Hz),计算其在腐蚀过程中对桥梁吊杆疲劳寿命的影响,如图 6-11 所示。从图中可以看出,当总循环次数 $N=2\times10^6$、加载频率为 0.1Hz 时,吊杆的应力幅为 48MPa;加载频率为 0.5Hz 时,吊杆的应力幅为 52MPa;加载频率为 1.0Hz 时,吊杆的应力幅为 54MPa;加载频率为 2.0Hz 时,吊杆的应力幅为 56MPa;加载频率为 4.0Hz 时,吊杆的应力幅为 58MPa。明显地,随着加载频率的增加,吊杆的抗疲劳性能也在逐渐增加。此外,在低加载频率范围(0.1~0.5Hz)内,吊杆的抗疲劳性能提高得较快;而在高加载频率范围(1.0~4.0Hz)内,吊杆的抗疲劳性能提高得较慢。

6.2.4　循环荷载作用因子对吊杆疲劳寿命的影响

在环境风荷载作用下,桥梁吊杆会出现疲劳破坏,这是因为风荷载具有随机性和明显的循环特征。因此,在腐蚀疲劳耦合过程中,风荷载的循环作用,即循环荷载作用因子对吊杆的疲劳寿命也存在着较大影响。假设腐蚀坑形貌尺寸 $a=b=c=1\mathrm{mm}$, $D=14\mathrm{mm}$, $K_t=2.34$(三维有限元模型计算), $C_p=1.01$, $k=0.047$, $r=0.39$, $I_p=1.31\times10^{-9}\mathrm{C/s}$。选取不同作用因子(1.005、1.008、1.010),计算其在腐蚀过程中对桥梁吊杆疲劳寿命的影响，如图 6-12 所示。从图中可以看出，当总循环次数 $N=2\times10^6$，作用因子为 1.005 时，吊杆的应力幅为 48.81MPa；作用因子为 1.008 时，吊杆的应力幅为 48.59MPa；作用因子为 1.010 时，吊杆的应力幅为 48.46MPa。明显地，随着作用因子的逐渐增加，吊杆的抗疲劳性能在逐渐下降。

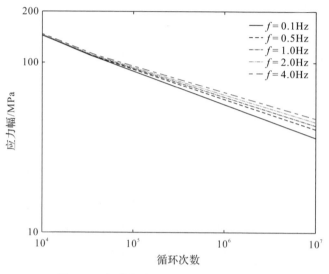

图 6-11　加载频率对吊杆疲劳寿命的影响

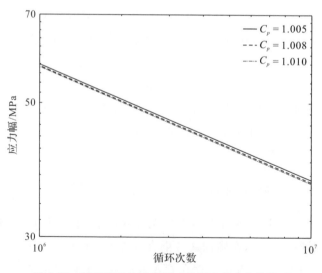

图 6-12　循环荷载作用因子对吊杆疲劳寿命的影响

6.2.5　腐蚀坑形貌对吊杆疲劳寿命的影响

从三阶段腐蚀疲劳耦合曲线中可以看出,不同腐蚀坑形貌会产生不同的应力集中系数,从而导致吊杆的疲劳寿命出现明显不同。为了更好地分析腐蚀坑形貌对吊杆疲劳寿命的影响,定义了腐蚀坑形状参数 $\varphi(b/a)$,即宽深比,以此来表征腐蚀坑形貌。假设腐蚀坑形貌尺寸 $a=1\text{mm}$, $c=D=14\text{mm}$, $C_p=1.01$, $k=0.047$, $r=0.39$, $I_p=1.31\times10^{-9}\text{C/s}$, $f=1\text{Hz}$。由于应力集中系数 K_t 与形状参数 φ 也存在相关性,并且此时 $c=D$,即可以将三维含腐蚀坑的钢丝有限元模型转换为二维有限元模型,腐蚀坑位于钢丝结构中部,如图 6-13 所示。从图中可以看出,随着腐蚀坑形状参数的逐渐增大,腐蚀坑底部的最大集中应力在逐渐减小。

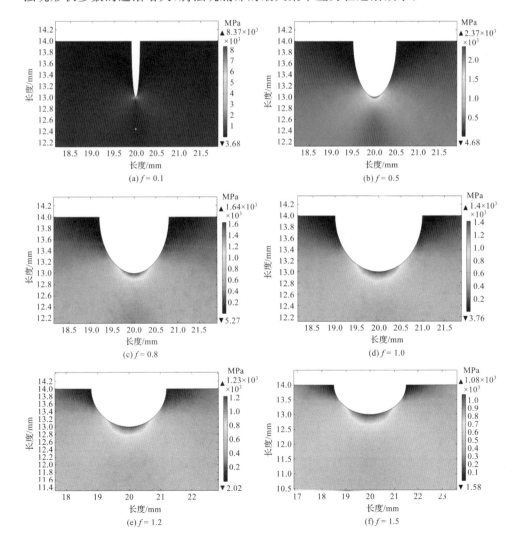

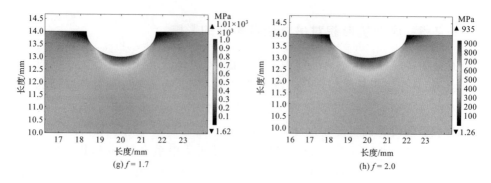

(g) $f = 1.7$ (h) $f = 2.0$

图 6-13 不同腐蚀坑形状参数的钢丝应力分布

根据有限元计算结果,得到应力集中系数与腐蚀坑形状参数之间的关系,如图 6-14 所示。从图中可以看出,随着腐蚀坑形状参数的逐渐增加,应力集中系数逐渐降低。

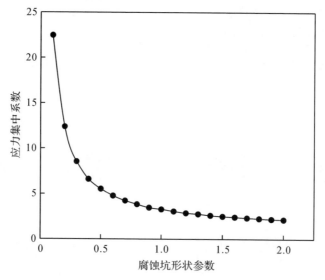

图 6-14 腐蚀坑形状参数与应力集中系数的相关性

选取不同腐蚀坑形状参数(0.1、0.5、1.0、2.0)及其对应的应力集中系数,计算其在腐蚀过程中对桥梁吊杆疲劳寿命的影响,如图 6-15 所示。从图中可以看出,当总循环次数 $N = 2 \times 10^6$、腐蚀坑形状参数为 0.1 时,吊杆的应力幅为 44MPa;腐蚀坑形状参数为 0.5 时,吊杆的应力幅为 45MPa;腐蚀坑形状参数为 1.0 时,吊杆的应力幅为 48MPa;腐蚀坑形状参数为 2.0 时,吊杆的应力幅为 60MPa。明显地,随着腐蚀坑形状参数的逐渐增加,吊杆的抗疲劳性能也逐渐增加。此外,当腐蚀坑形状参数较小时(0.1~0.5),吊杆的抗疲劳性能变化不明显;而当腐蚀坑形状参数较大时(0.5~2.0),吊杆的抗疲劳性能迅速增加。

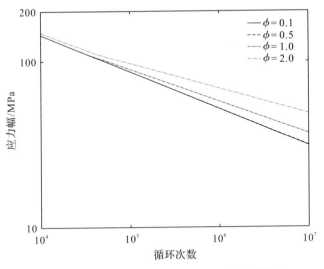

图 6-15　腐蚀坑形状参数对吊杆疲劳寿命的影响

　　此外,钢丝不同位置处的腐蚀坑,其应力集中系数也不同,计算案例中假定腐蚀坑形貌为 1.0,分别计算腐蚀坑在距离钢丝固定端 1/10、2/10 直到 9/10 处的应力分布,如图 6-16 所示。

　　根据有限元计算结果,得到应力集中系数与腐蚀坑位置之间的关系,如图 6-17所示。从图中可以看出,随着腐蚀坑距离固定端变远,应力集中系数逐渐增大。这可能是因为当腐蚀坑靠近固定端时,其应力扩散范围会与固定端的应力重合,导致应力重分布,使得钢丝结构的最大应力变小、平均应力增大。

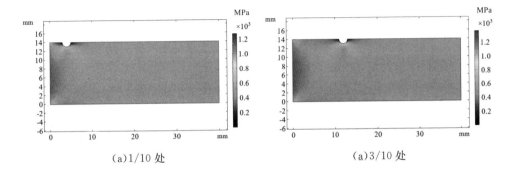

(a)1/10 处　　　　　　　　　　　　　　(a)3/10 处

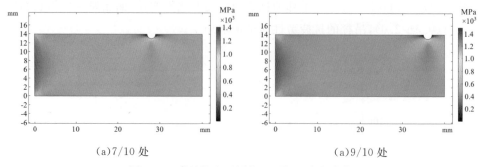

图 6-16 腐蚀坑在不同位置下钢丝应力分布

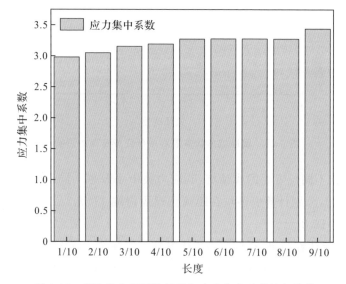

图 6-17 腐蚀坑在不同位置下与应力集中系数的相关性

分别选取腐蚀坑处于距固定端 1/10、3/10、7/10 和 9/10 处的应力集中系数,计算不同位置处腐蚀坑对桥梁吊杆疲劳寿命的影响,如图 6-18 所示。从图中可以看出,当总循环次数 $N = 2 \times 10^6$ 时,腐蚀坑距固定端 1/10 处的吊杆应力幅为 49.71MPa;腐蚀坑距固定端 3/10 处的吊杆应力幅为 48.93MPa;腐蚀坑距固定端 7/10 处的吊杆应力幅为 48.43MPa;腐蚀坑距固定端 9/10 处吊杆的应力幅为 47.85MPa。明显地,腐蚀坑在钢丝表面不同位置处的抗疲劳性能也不同。

由于在一个桥梁吊杆钢丝上不只会出现一个腐蚀坑,还有可能出现两个甚至更多的腐蚀坑。本小节假定钢丝表面存在两个腐蚀坑,其中一个腐蚀坑位于距离固定端 3/10 处,另一个腐蚀坑与该腐蚀坑中心距离分别为 4mm、8mm、12mm 和 16mm,其应力分布如图 6-19 所示。

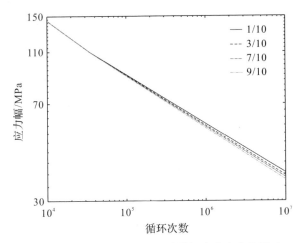

图 6-18 腐蚀坑在不同位置对吊杆疲劳寿命的影响

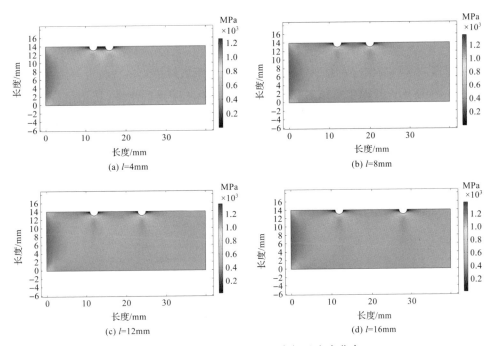

图 6-19 不同腐蚀坑中心距离钢丝应力分布

　　根据有限元计算结果,得到应力集中系数与两个腐蚀坑中心距离之间的关系,如图 6-20 所示。从图中可以看出,随着两个腐蚀坑中心距离增大,应力集中系数逐渐增大。当两腐蚀坑距离很近时(4mm),吊杆结构的应力集中系数较小;当两腐蚀坑相差较远时(8~20mm),吊杆结构的应力集中系数在逐渐增加,但涨幅不大;当远端腐蚀坑距离边界越近时(20~24mm),吊杆结构的应力集中系数迅速增加,这是因为远端腐蚀坑应力分布会与边界处应力分布发生重叠,导致应力集中系数迅速增大。

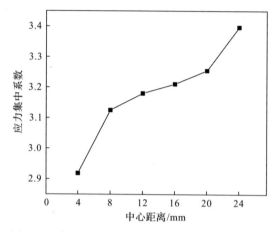

图 6-20   腐蚀坑中心距离与应力集中系数的相关性

根据三阶段腐蚀-疲劳曲线得到腐蚀坑中心距离对桥梁吊杆疲劳寿命的影响,如图 6-21 所示。从图中可以看出,随着腐蚀坑中心距离的增加,桥梁吊杆钢丝的抗疲劳性能逐渐下降。当总循环次数 $N=2\times10^6$、腐蚀坑中心距离为 4mm 时,吊杆的应力幅为 50.01MPa;腐蚀坑中心距离为 8mm 时,吊杆的应力幅为 49.06MPa;腐蚀坑中心距离为 16mm 时,吊杆的应力幅为 48.71MPa;腐蚀坑中心距离为 24mm 时,吊杆的应力幅为 48.00MPa。可见,表面处腐蚀坑中心距离越远,吊杆的抗疲劳性能越差。

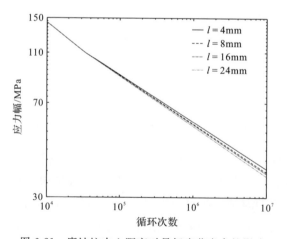

图 6-21   腐蚀坑中心距离对吊杆疲劳寿命的影响

一般而言,钢丝上有可能同时存在 n 个腐蚀坑。因此,在上一数值案例的计算中,假设钢丝上分别存在 2 个、4 个、6 个和 8 个腐蚀坑,其形状参数均为 1.0,且两个腐蚀坑中心点相距 4mm,根据有限元模型得到的腐蚀坑数量与应力集中系数的关系,如图 6-22 所示。

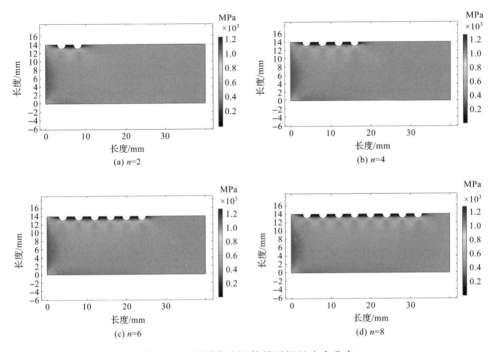

图 6-22　不同腐蚀坑数量下钢丝应力分布

根据有限元计算结果,得到应力集中系数与腐蚀坑数量之间的关系,如图 6-23 所示。从图中可以看出,随着腐蚀坑数量的增加,应力集中系数会先减小后增加,即会出现波动现象。出现这一现象的原因可能是腐蚀坑的数量增加,腐蚀坑底部的应力扩散范围会出现重叠的现象,这会导致结构内部的平均应力和最大应力发生变化,从而使应力集中系数发生变化。

当钢丝表面有多个腐蚀坑时,只要有一个腐蚀坑发生疲劳破坏,桥梁吊杆钢丝便发生破坏,即腐蚀坑与钢丝可以看成是串联关系。根据三阶段腐蚀-疲劳曲线得到腐蚀坑数量对桥梁吊杆疲劳寿命的影响,如图 6-24 所示。从图中可以看出,随着腐蚀坑数量的增加,桥梁吊杆钢丝的抗疲劳性能在逐渐下降。当总循环次数 N $=2\times10^{6}$、腐蚀坑数量为 2 时,吊杆的应力幅为 42.78MPa;腐蚀坑数量为 4 时,吊杆的应力幅为 36.96MPa;腐蚀坑数量为 6 时,吊杆的应力幅为 33.89MPa;腐蚀坑数量为 8 时,吊杆的应力幅为 31.86MPa。可见,吊杆表面腐蚀坑数量越多,则其抗疲劳性能越差。

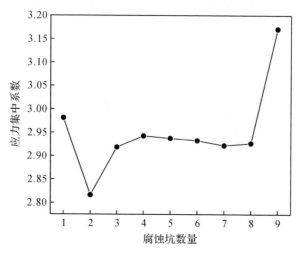

图 6-23 腐蚀坑数量与应力集中系数的相关性

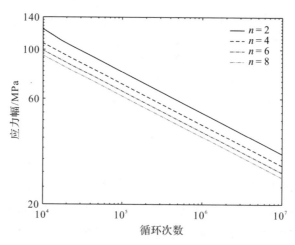

图 6-24 腐蚀坑数量对吊杆疲劳寿命的影响

桥梁吊杆钢丝上腐蚀坑的类型也会影响吊杆疲劳寿命。假设钢丝上存在四种类型的腐蚀坑:第一种类型为四个腐蚀坑的形状参数均为 1(应力集中系数为3.160);第二种类型为四个腐蚀坑中两个形状参数为 1、两个形状参数为 0.8(应力集中系数为 3.637);第三种类型为四个腐蚀坑中两个形状参数为 1、一个形状参数为 0.8、一个形状参数为 1.2(应力集中系数为 3.365);第四种类型为四个腐蚀坑中分别存在形状参数为 1.0、形状参数为 0.8、形状参数为 1.2 和形状参数为 0.5(应力集中系数为 5.017)的四个不同类型的腐蚀坑。有限元模拟计算结果如图 6-25 所示。从图中可以看出,不同类型的腐蚀坑对吊杆钢丝的应力影响不同,并且形状参数越大,结构的应力集中系数越小;反之,形状参数越小,应力集中系数越大,即应力集中系数对形状参数的敏感性较大。因此吊杆的抗疲劳特性主要与腐蚀坑形貌有关,即当存在"窄而深"的腐蚀坑时,吊杆的抗疲劳特性最差。

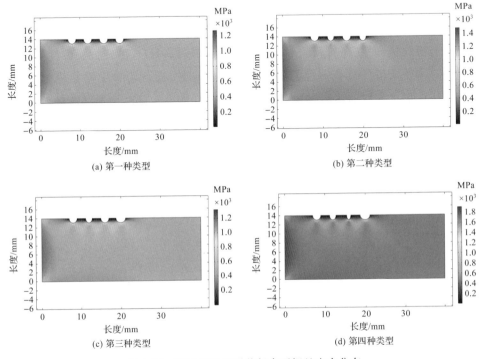

图 6-25　不同腐蚀坑形貌复合下钢丝应力分布

6.3　本章小结

本章根据腐蚀过程中的点蚀坑萌生、短裂纹扩展和长裂纹扩展阶段,推导了通用的三阶段的腐蚀-疲劳耦合寿命曲线。本章以国产 1860 级低松弛预应力钢丝为研究对象,计算了腐蚀-疲劳耦合寿命曲线中的裂纹扩展腐蚀加速因子,推导了基于 1860 级钢丝 S-N 曲线的腐蚀-疲劳耦合寿命曲线,并将该曲线与腐蚀作用下 S-N 曲线(非耦合)和 S-N 曲线(不考虑腐蚀作用)进行了对比。本章进一步分析了三阶段腐蚀-疲劳耦合寿命曲线中的腐蚀环境因素(腐蚀电流、大气腐蚀速率、环境荷载加载频率、环境荷载作用因子、腐蚀坑形貌)对桥梁吊杆疲劳寿命的影响,并得出以下结论。①腐蚀作用后,桥梁吊杆抗疲劳性能会迅速降低,但考虑腐蚀-疲劳耦合作用时,桥梁吊杆抗疲劳性能相比于非腐蚀-疲劳耦合作用降低了一半。②随着腐蚀电流的增大,桥梁吊杆疲劳性能会迅速降低。相同的条件下,沿海城市桥梁吊杆钢丝的抗疲劳性能最差。③随着环境荷载(风荷载)作用因子的增强,桥梁吊杆的抗疲劳性能在逐渐减弱。但随着环境荷载加载频率的增加,桥梁吊杆的抗疲劳性能在逐渐增加。此外,在低加载频率范围内(0.1~0.5Hz),吊杆抗疲劳性能提高得较快;而在高加载频率范围内(1.0Hz~4.0Hz),吊杆抗疲劳性能提高得较慢。④桥梁吊杆抗疲劳性能对腐蚀坑形状参数,即应力集中系数最为敏感。随着腐蚀坑形状参数的逐渐增加,吊杆的抗疲劳性能也在逐渐增加。此外,当腐蚀坑形状参数较小时(0.1~0.5),吊杆的抗疲劳性能变化不明显;而当腐蚀坑形状参数较大时(0.5~2.0),吊杆的抗疲劳性能迅速增加。同时,随着桥梁吊杆钢丝的腐蚀坑数量增加,桥梁吊杆的抗疲劳性能也会迅速下降,且腐蚀坑在吊杆钢丝表面不同位置处,则吊杆的抗疲劳性能也会有所不同。

第 7 章
基于贝叶斯网络的桥梁吊杆系统
时变疲劳可靠度评估

吊杆结构是拱桥在荷载传递路径中的重要组成部分,能将桥面上的力传递给塔架和基础,桥梁吊杆结构的物理性质发生变化时,整个桥梁结构的内力也会发生变化[248]。由于桥梁吊杆结构具有质量轻、柔度高、阻尼小等特点,因此其在循环荷载和随机荷载(风荷载、车辆荷载、行人荷载等)下会发生疲劳损伤破坏[249]。Yan 等[250]发现,疲劳损伤破坏是复合材料桥梁和钢桥损坏的主要原因。Zhu 等[251]发现,风荷载是影响钢桥疲劳寿命的关键因素。因此,在桥梁吊杆服役运营过程中,有必要对桥梁吊杆进行疲劳损伤评估,从而评估桥梁运营期的时变可靠度。目前有两类模型被广泛应用在可靠度评估方面,一类模型是确定性模型,如前几章介绍的期望最大化算法、遗传算法和粒子群优化算法等,这些方法的特点是通过不断的迭代更新来获取一个确定的最优值;另一类模型则是不确定性模型,即概率模型,如贝叶斯优化和贝叶斯网络等。与确定性模型相比,概率模型是用于可靠度评估的不确定性模型,并且能够量化所涉及的不确定性[252]。

当把桥梁吊杆看成一个整体时,贝叶斯优化可以根据先验信息对小数据集进行推理,因此贝叶斯优化能够以非常少量的迭代步骤来寻求全局最优值,得到损伤参数后便可以对其可靠度进行评估。Gregori 等[253]使用贝叶斯优化对接触网结构的截面参数进行优化,从而得到了最优参数。Zhang 等[254]以贝叶斯优化作为数据驱动的概率预测方法,建立了随机森林方法,并得出在参数预测精度和计算效率方面,随机森林方法都优于其他优化算法和模型。但桥梁吊杆是由多根平行钢丝组成的,将桥梁吊杆看成一个整体并不能直接、有效地评估桥梁吊杆的可靠性,因此应考虑吊杆中各平行钢丝的破坏情况对吊杆损伤的影响。为了分析这一影响,可以将贝叶斯优化扩展成贝叶斯网络来表征各钢绞线之间的相关性,进而分析出其对桥梁吊杆可靠性的影响。Rebello 等[255]基于贝叶斯网络,根据构件层次的性能评估了系统层次的可靠性。Gehl 等[256]根据不同接头损伤状态的失效模式,结合贝叶斯网络,对整个结构系统发生破坏的失效概率进行了计算。

本章将结合上一章的 $S-N$ 曲线,对桥梁吊杆进行时变可靠性评估。首先,将桥梁吊杆看成一个整体,结合贝叶斯优化对桥梁吊杆在不同约束条件、不同环境噪声下的损伤参数进行识别;其次,考虑到平行钢丝破坏后的应力重分布对桥梁吊杆可靠性的影响,建立基于贝叶斯网络方法的桥梁吊杆时变可靠度评估方法。

7.1 桥梁吊杆损伤识别计算方法

7.1.1 桥梁吊杆的动力特性有限元模型

桥梁吊杆的动力特性,如频率,与其质量密度 ρ、杨氏弹性模量 E、转动惯量 I、内部张力 T、长度 l 和边界条件相关。根据有限元基本原理,可运用 MATLAB 软件将桥梁吊杆划分成多个欧拉梁单元进行表示(本节将桥梁吊杆等量划分成五份),如图 7-1 所示,其自由振动矩阵方程可以表示为[257]:

$$M\ddot{U} + (K + TK_G)U = 0 \tag{7-1}$$

式中,M 为全局质量矩阵;K 为全局刚度矩阵;K_G 为单位张力产生的几何刚度矩阵。单元质量、单元刚度和几何刚度矩阵可以表示为[258]:

$$M^i = \frac{\rho A l}{420} \begin{bmatrix} 156 & 22l & 54 & -13l \\ 22l & 4l^2 & 13l & -3l^2 \\ 54 & 13l & 156 & -22l \\ -13l & -3l^2 & -22l & 4l^2 \end{bmatrix}$$

$$K^i = \frac{EI}{l} \begin{bmatrix} 12/l^2 & 6/l & -12/l^2 & 6/l \\ 6/l & 4 & -6/l & 2 \\ -12/l^2 & -6/l & 12/l^2 & -6/l \\ 6/l & 2 & -6/l & 4 \end{bmatrix}$$

$$K_G^i = \frac{1}{l} \begin{bmatrix} 6/5 & l/10 & -6/5 & l/10 \\ l/10 & 2l^2/15 & -l/10 & -l^2/30 \\ -6/5 & -l/10 & 6/5 & -l/10 \\ l/10 & -l^2/30 & -l/10 & 2l^2/15 \end{bmatrix} \tag{7-2}$$

式中,M^i,K^i,K_G^i 分别是第 i 个单元的质量矩阵、刚度矩阵和几何刚度矩阵。单元矩阵可以组成全局矩阵(如全局质量矩阵、全局刚度矩阵和全局几何刚度矩阵)。

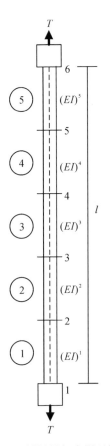

图 7-1 桥梁吊杆有限元模型

此外,吊杆张力 T 与吊杆固有频率 f 之间的关系可以通过下式求解[259]:

$$|\boldsymbol{K} + T\boldsymbol{K}_G - (2\pi f)^2 \boldsymbol{M}| = 0 \qquad (7\text{-}3)$$

式中,$|\cdot|$ 为行列式。式中给出了频率 f、张力 T 和整体刚度矩阵 $\boldsymbol{K}$ 之间的关系,因此,该式可以同时识别吊杆的张力和状态。

7.1.2 附加质量法

在动力测试过程中,结构高阶固有频率的提取是一个具有挑战性的问题。结构在环境激励下获得的响应通常只包括低频结构信息,为了获得更多吊杆的信息,可以采用附加质量法(additional mass method,AMM)[260]。在 AMM 中,可以在结构的不同位置加上附加质量,即可以在一个位置上放置质量物,也可以在两个甚至多个位置上放置质量物,如图 7-2 所示。当吊杆结构被附加质量后,吊杆的质量矩阵会发生变化,进而导致吊杆固有频率也发生改变。因此,通过改变质量物的位置和质量可以得到新的吊杆固有频率,进而对吊杆的状态进行评估,如下式所示:

$$\begin{cases} \left| \boldsymbol{K} + T\boldsymbol{K}_G - (2\pi f_1)^2 \boldsymbol{M}_1 \right| = 0 \\ \left| \boldsymbol{K} + T\boldsymbol{K}_G - (2\pi f_2)^2 \boldsymbol{M}_2 \right| = 0 \\ \left| \boldsymbol{K} + T\boldsymbol{K}_G - (2\pi f_3)^2 \boldsymbol{M}_3 \right| = 0 \\ \quad\quad\quad\quad\quad \vdots \\ \left| \boldsymbol{K} + T\boldsymbol{K}_G - (2\pi f_m)^2 \boldsymbol{M}_m \right| = 0 \end{cases} \tag{7-4}$$

式中,$\boldsymbol{M}_1$ 是无附加质量的吊杆质量矩阵;f_1 是对应无附加质量的吊杆固有频率;$\boldsymbol{M}_2 \sim \boldsymbol{M}_m$ 是不同质量物在不同位置处所对应的附加质量矩阵;$f_2 \sim f_m$ 则是对应附加质量法的固有频率,试验过程如图 7-2 所示。

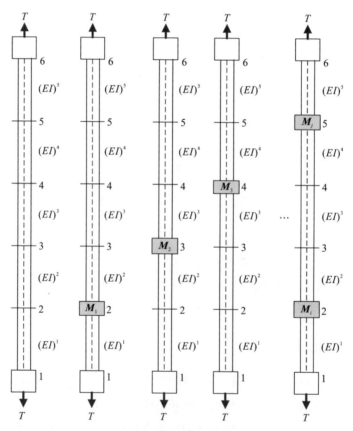

图 7-2　附加质量法试验过程

一般情况下,吊杆张力的大小为 $10^5\,\mathrm{N}$,而吊杆的质量为 $10^3\,\mathrm{N}$,所悬挂的附加质量物为 $10^2\,\mathrm{N}$。因此,吊杆自身质量和附加质量物所引起的轴向吊杆张力重分布可以忽略不计。

7.1.3 贝叶斯优化

贝叶斯优化是基于贝叶斯定理的一种参数寻优方法,它首先定义了先验信息的概率分布,并不断采集监测样本数据来更新先验信息的概率分布,以此来描述监测样本数据的后验概率分布[261]。在贝叶斯优化中,监测样本数据的先验信息可用高斯分布来描述,即第 3 章中的高斯先验过程[262]。因此,对于一些具有未知参数的目标函数,贝叶斯优化可以通过最大或最小化目标函数来将其转化为一个优化问题[263],如图 7-3 所示。从图中可以看出,所采集到的桥梁健康监测数据中,包含了结构自身的基本物理信息(长度、频率和刚度等),结构的约束边界条件和测试噪声等信息;通过贝叶斯优化方法,能够深度挖掘监测数据中的有效信息,从而对结构的损伤程度进行评估。

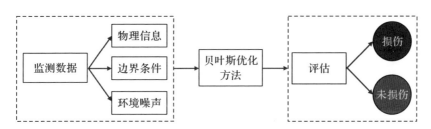

图 7-3 基于贝叶斯优化的损伤评估

7.1.3.1 基于贝叶斯优化的极大似然估计

假设有一组监测样本数据 $Y = \{[f_1, f_2, L, \cdots f_m] \in R^m\}$,其中第 i 个样本数据含有未知的结构参数和误差项,如下式所示[264]:

$$f_i f = \hat{f}_i f(\theta) + \varepsilon \tag{7-5}$$

式中,θ 是未知参数;$\hat{f}_i f(\theta)$ 是含有未知参数的样本值;ε 是监测值与计算值之间的差,即误差项,该误差项可以通过高斯分布 $N(\mu, \sigma)$ 进行描述。

根据获取的监测样本数据,其似然函数 $P(Y \mid \theta)$ 也可以通过高斯分布来表示:

$$P(Y \mid \theta) = \frac{1}{\sqrt{(2\pi\sigma)^m}} \exp\left[-\frac{1}{2\sigma^2} J(\theta)\right]$$

$$J(\theta) = \sum_{i=1}^{m} \varepsilon_i^2 = \sum_{i=1}^{m} \frac{(f_i - \hat{f}_i)^2}{\hat{f}_i^2} \tag{7-6}$$

未知参数 θ 的最大似然估计可以通过最大化参数空间上的似然函数来实现,即

$$\theta_{ML} = \mathrm{argmax} P(Y \mid \theta) \tag{7-7}$$

上式可以根据误差最小化原则进行求解,即使得监测值与计算值之间的差最小:

$$\theta_{ML} = \mathop{\mathrm{argmin}}_{\theta} J(\theta) = \mathop{\mathrm{argmin}}_{\theta} \sum_{i=1}^{m} \frac{\left[f_i - \hat{f}_i(\theta)\right]^2}{\hat{f}_i(\theta)^2} \tag{7-8}$$

7.1.3.2 采集函数的选取

为了求得公式(7-8),即目标函数 $J(\theta)$ 的解,需要对目标函数进行采样来更新后验概率分布[265]:

$$\theta_t = \mathop{\mathrm{argmax}}_{\theta} u(\theta \mid \mathrm{D}_{1:t-1})$$
$$\mathrm{D}_{1:t-1} = \{(\theta_1, J(\theta_1)), \cdots, (\theta_{t-1}, J(\theta_{t-1}))\} \tag{7-9}$$

式中,u 是采集函数;$\mathrm{D}_{1:t-1}$ 是从目标函数中提取的 $(t-1)$ 个样本。

从上式可知,目标函数的解取决于采集函数,被广泛使用的采集函数有期望提高(expected improvement,EI)采集函数、概率提高(probabilityof improvement,PI)采集函数、置信下限(lower confidence bound,LCB)采集函数和改进期望提高(expected improvement per second,EIPC)采集函数等。PI 采集函数是仅使用高斯过程中平均值的一个经典采集函数,因此其表达式,可简单表达为[266]:

$$\mathrm{PI}(\theta) = \mu(\theta) - J(\theta^+) \tag{7-10}$$

式中,$J(\theta^+)$ 是最佳样本值;θ^+ 是最佳样本值的位置,即 $\theta^+ = \mathop{\mathrm{argmin}}_{\theta \in \{\theta_1, \theta_2 \cdots, \theta_t\}} J(\theta_i)$。

LCB 采集函数使用高斯过程中平均值和标准差进行最优值计算,其可以表达为[267]:

$$\mathrm{LCB}(\theta) = \mu(\theta) - \beta\sigma(\theta) \tag{7-11}$$

式中,$\mu(\theta)$ 和 $\sigma(\theta)$ 分别是高斯过程后参数 θ 的均值和标准差;β 是一个平衡参数,用来平衡开发(利用已有的监测数据)量和勘探(收集到新的监测数据)量之间的关系,其值通常为 1。

EI 采集函数和 EIPC 采集函数的唯一区别:EIPC 采集函数的采集频率要高于 EI 采集函数。这两种采集函数在方程表达式上没有任何区别,都充分使用了高斯过程中的平均值和标准值来搜索最优值,并且在搜索过程中都考虑了勘探量和开发

量的关系,其可以表达为[251]:

$$EI(\theta) = EIPC(\theta) = \begin{cases} [\mu(\theta) - J(\theta^+) - \xi]\Phi(Z) + \sigma(x)\varphi(Z), & \sigma(x) > 0 \\ 0, & \sigma(x) = 0 \end{cases}$$

$$Z = \begin{cases} [\mu(\theta) - J(\theta^+) - \xi]/\sigma(\theta), & \sigma(\theta) > 0 \\ 0, & \sigma(\theta) = 0 \end{cases} \quad (7\text{-}12)$$

式中,$\Phi(\cdot)$ 和 $\varphi(\cdot)$ 分别为标准正态分布的累计分布函数和概率密度函数;ξ 决定贝叶斯优化过程中的勘探量,其值越大,勘探量也就越大,即计算效率将会逐渐下降并可能陷于局部最优值,因此其值通常为 0.01。因此,基于贝叶斯优化的参数寻优算法如下。

输入:监测样本数据 $Y = \{[f_1, f_2, \cdots f_m] \in R^m\}$

输出:根据高斯过程的均值 μ 和方差 σ 计算未知参数 θ

1.建立并训练高斯过程模型

2.选择采集函数:PI、LCB、EI 和 EIPC,根据下式计算出下一个采样点:

$$\theta_t = \underset{\theta}{\arg\max}\, u(\theta \mid D_{1:t-1})$$

3.根据下式计算关于未知参数和误差项的样本:

$$\theta_{ML} = \underset{\theta}{\arg\min} J(\theta) = \underset{\theta}{\arg\min} \sum_{i=1}^{m} \frac{[f_i - \hat{f}_i(\theta)]^2}{\hat{f}_i(\theta)^2}$$

4.根据下式更新样本集,即进一步更新高斯过程模型:

$$D_{1:t} = \{D_{1:t-1}, (\theta_t, J(\theta_t))\}$$

5.重复步骤 2～4 的计算过程,直到满足收敛条件

6.输出未知参数值 θ

综上可知,基于贝叶斯优化的高维参数寻优的特点是不断采集监测样本数据,对高斯过程中的均值和标准差进行不断更新,如图 7-4 所示。根据贝叶斯优化的损伤识别流程图可以看出,其主要包括三个步骤:①选择一种采集函数来计算下一个采样点的值;②结合误差最小原则,根据极大似然估计方法计算当前未知参数值;③对样本集不断采样,从而不断更新未知参数的值。

7.1.4　桥梁吊杆损伤识别计算案例

7.1.4.1　桥梁吊杆刚度损伤识别

假定吊杆长度为 4m,截面直径为 0.077m,弹性模量为 1.9×10^8 kPa,材料密度为 7850kg/m³,根据 Midas 软件计算出吊杆内部初始张力为 1700kN。吊杆采用五个欧拉梁单元建模,每个单元由两个节点和四个自由度组成,吊杆两端采用

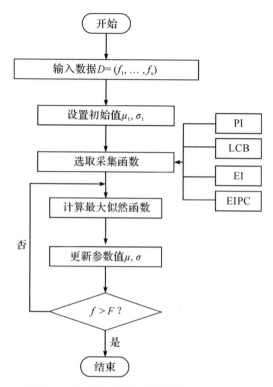

图 7-4　基于贝叶斯优化的损伤识别流程图

铰接。在该数值案例中,吊杆的边界条件、内部张力和质量密度均为已知,而每个欧拉梁单元的刚度损伤是未知的,即采用贝叶斯优化的方法对刚度损伤 $\theta=[\theta_1,\theta_2,\cdots,\theta_5]$ 进行识别。在本小节中,假定第一个欧拉梁单元刚度降低 40%,即 $\theta=[0.6,1,1,1,1]$。根据 AMM,首先获取初始结构的前四个频率,然后在吊杆的不同位置添加不同的质量物。本节中,将质量物从节点 2(附加质量物为 20kg)移动到节点 3(附加质量物为 40kg),并记录不同情况下吊杆的前四个频率,该频率值被视为状态评估的观测数据。

在本案例中,贝叶斯优化采用 EI 采集函数来生成新的样本,采集函数中的候选样本为 10000,未知参数(刚度损伤参数)的上下界分别为 1.0 和 0.5。贝叶斯优化过程需要大约 70 次迭代才能计算出结果,如图 7-5 所示。五个未知参数 $\theta_1 \sim \theta_5$ 分别为 0.6057,0.9982,0.9905,0.9983,0.9954,如图 7-6 所示。显然,吊杆中的五个损伤位置(单元 1、单元 2、单元 3、单元 4 和单元 5 的刚度损伤分别为 40%,0%,0%,0% 和 0%)被成功识别。

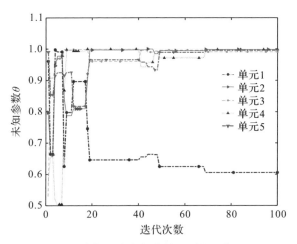

图 7-5　案例一中未知参数识别的迭代过程

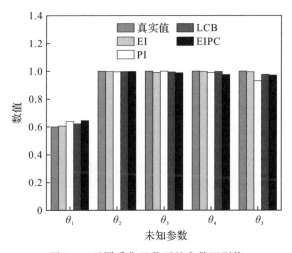

图 7-6　不同采集函数下的参数识别值

　　在贝叶斯优化中,新的样本由一个采集函数生成。为分析不同采集函数对参数识别过程的影响,本节对比了 EI 采集函数、PI 采集函数、LCB 采集函数和 EIPC 采集函数对损伤参数的识别情况,如图 7-7 所示。从图中可以看出,四种采集函数经过 10 次迭代后均收敛,并且基于 EI 采集函数的贝叶斯优化比基于其他三种采集函数所计算出的参数值更接近于实际值。此外,在四个采集函数中,EI 采集函数的 MAE 和 MAPE 值最小,而 LCB 采集函数的 MAE 和 MAPE 值最大,这意味着 EI 采集函数在四个采集函数中对未知参数的识别性能最好,如图 7-8 所示。

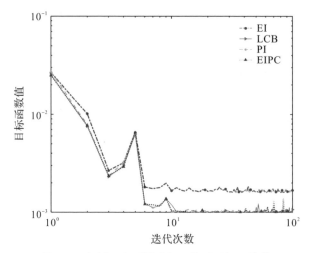

图 7-7　案例一中不同采集函数下目标函数值

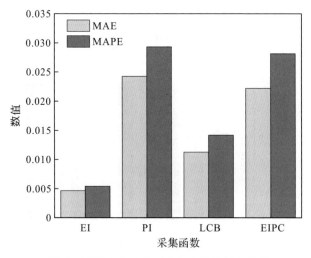

图 7-8　不同采集函数对未知参数的识别性能

7.1.4.2　桥梁吊杆刚度和拉力损伤识别

桥梁吊杆张力通常随着吊杆状态的变化而变化，如当吊杆发生损伤时，其内部张力会减小，因此通过拉力识别来进行损伤状态评估更为有效。为了模拟桥梁吊杆的损伤，假设单元 2 和单元 4 的刚度分别减小 10％和 20％，即 $\theta=[1, 0.9, 1, 0.8, 1]$；同时，拉力从 1700kN 减小到 1275kN，即 $\alpha=0.75$；其余参数如材料密度、截面尺寸、边界条件和吊杆长度与案例一相同。采用基于 EI 采集函数的贝叶斯优化进行参数识别，经过大约 40 次迭代，吊杆拉力的识别与实际值接近；单元 2 和单元 4 的损伤参数大约需要迭代 100 次，如图 7-9 所示。可见拉力对吊杆固有频率的变化更为敏感,拉力识别结果比损伤识别结果收敛更快。最终识别出的未知损伤参数 $\theta_1 \sim \theta_5$ 分别为 0.993,0.917,0.982,0.811 和 0.973,显然,吊杆单元 2 的 10% 和单元 4 的 20% 的损伤程度被成功识别;拉力由 1700kN 减小到 1271kN 也被成功识别。这些结果表明,基于贝叶斯优化的吊杆损伤状态评估方法可以识别吊杆的刚度损伤程度和拉力。

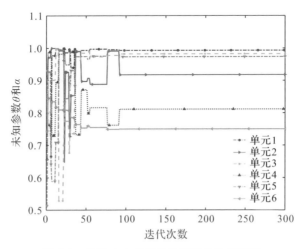

图 7-9　案例二中未知参数识别的迭代过程

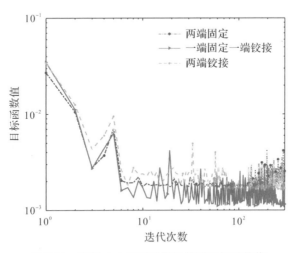

图 7-10　案例二中不同采集函数下目标函数值

　　由于吊杆的边界条件可以是两端铰接、两端固定和一端固定一端铰接,因此在其他参数条件不变的情况下,结合贝叶斯优化方法来识别不同边界条件下吊杆的损伤参数和拉力。图 7-10 显示了目标函数的迭代过程,在 100 次迭代计算后,所有未知参数都收敛。刚度损伤参数和拉力未知系数的最终识别结果如图 7-11 所示,显然在边界条件为两端固定时,基于贝叶斯优化的吊杆损伤识别性能要优于其他两种边界条件情况。具体的,边界条件为两端固定的 MAE 和 MAPE 最小,而一端固定一端铰接的 MAE 和 MAPE 最大,如图 7-12 所示。

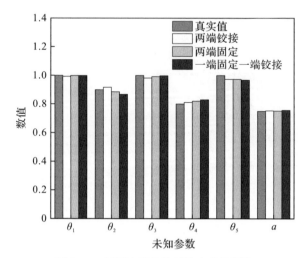

图 7-11　不同边界条件下的参数识别值

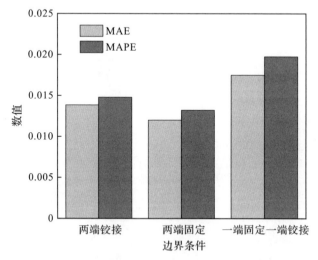

图 7-12　不同边界条件下的未知参数识别性能

7.1.4.3　不同噪声水平下桥梁吊杆刚度和拉力损伤识别

在实际工程中测量频率时,监测数据中往往会有一些噪声,即干扰数据,其值占比通常为 1% 和 2%[268]。为了研究贝叶斯优化方法的鲁棒性,本节考虑了测量噪声数据下的损伤识别问题,即在所获得的前四个频率值上再加上 1% 和 2% 的随机噪声,如公式(7-13)所示。本节假设单元 1 和单元 3 的刚度分别减小 15% 和 20%,即 $\theta=[0.85,1,0.8,1,1]$;拉力减少 15%,即 $\alpha=0.85$;其余参数与案例一相同:

$$f_{i,\text{noise}} = f_i \times (1 + R * \text{std}) \tag{7-13}$$

式中,f_i 为实测值(不含噪声值);$f_{i,\text{noise}}$ 为实测值(含噪声值);R 为随机变量,服从正态分布;std 为噪声水平,分别取 1% 和 2%。

在贝叶斯优化方法中,仍然选择 EI 采集函数进行样本选取,并用于吊杆刚度损伤和拉力识别。同时,采用遗传算法和粒子群优化算法对吊杆进行损伤识别。在遗传算法中,种群规模为 30,交叉系数和选择系数分别为 0.8 和 0.2,最大遗传数为 500。对于粒子群优化算法,种群规模为 50,最大迭代数为 500。刚度损伤参数和拉力系数的最终识别结果如图 7-13 和图 7-14 所示。并且三种参数识别方法的评估性能如图 7-15 和图 7-16 所示。从图中可以看出,三种参数识别方法(BO、GA 和 PSO)中,BO 的 MAE 和 MAPE 值最小。这说明 BO 为这三种参数识别方法中性能最好,而 GA 的识别性能主要依赖于遗传算子的选择,PSO 的识别性能对粒子的初始位置和初始速度高度敏感[262]。此外,当随机噪声为 1% 时,BO 的耗时为 217.806s、GA 的耗时为 2214.650s、PSO 的耗时为 266.955s;当随机噪声为 2% 时,BO 的耗时为 227.050s、GA 的耗时为 2433.125s、PSO 的耗时为 278.312s。因此,在分别具有 1% 和 2% 的随机噪声环境下,基于 BO 的吊杆刚度损伤识别性能、拉力识别性能和计算效率最好。

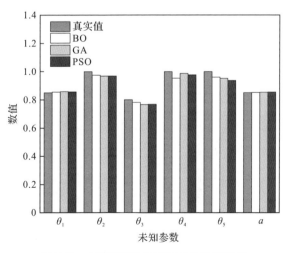

图 7-13 1% 测量噪声环境下参数识别值

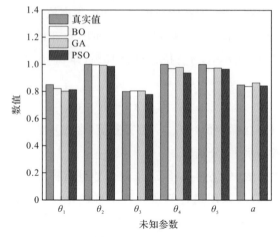

图 7-14　2％测量噪声环境下参数识别值

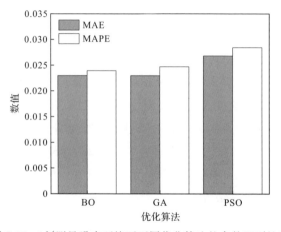

图 7-15　1％测量噪声环境下不同优化算法的参数识别性能

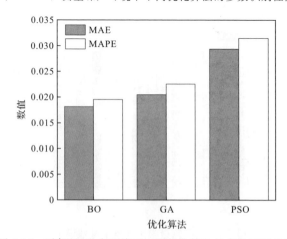

图 7-16　2％测量噪声环境下不同优化算法的参数识别性能

7.2　桥梁吊杆时变疲劳可靠度评估

7.2.1　贝叶斯网络方法

Pearl 等[269]在 1988 年提出了贝叶斯网络方法,该方法中每个随机变量之间都可以用概率分布来表示,即存在相关关系。贝叶斯网络中用箭头表示随机变量的因果关系,如当两个节点之间无箭头连接时,两个随机变量之间为相互独立关系;两个节点通过一单箭头连接时,则箭尾代表着"因"、箭头代表着"果",即两个随机变量存在着因果关系,如图 7-17(a)所示[270]。将图 7-17(a)进行扩展,即任何两个节点之间都有一个相关性,如图 7-17(b)所示。

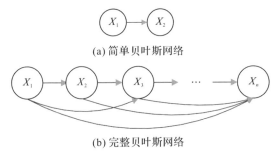

(a) 简单贝叶斯网络

(b) 完整贝叶斯网络

图 7-17　贝叶斯网络框架

有一个随机变量 U,其包括节点 X_1,X_2,$\cdots$,X_n,则 X_i 节点能够通过随机变量 U 表示[271]:

$$P(U) = P\{X_1, \cdots, X_n\} = \prod_{i=1}^{n} P(X_i \mid M_i)$$

$$P(X_i) = \sum_{\text{except } X_i} P(U) \tag{7-14}$$

式中,其中 M_i 是 X_i 的父节点。

基于贝叶斯定理,随机变量 U 可以通过不断接受新的信息来进行修正:

$$P(U \mid e) = \frac{P(U,e)}{P(e)} = \frac{P(U,e)}{\sum_U P(U,e)} \tag{7-15}$$

式中,e 是新的监测数据。

假设有四个条件独立的随机变量(X_1，X_2，X_3，X_4)，则上式的概率分布可以被表示为[272]：

$$P(X_1,X_2,X_3,X_4) = P(X_1)P(X_2 \mid X_1)P(X_3 \mid X_1,X_2)P(X_4 \mid X_1,X_2,X_3)$$

(7-16)

当随机变量 X_4 中有新的信息时，则可以不断更新随机变量 X_1，其可以被表示为：

$$P(X_1 \mid X_4) = \frac{\sum_{X_2,X_3} P(X_1,X_2,X_3,X_4)}{\sum_{X_1,X_2,X_3} P(X_1,X_2,X_3,X_4)}$$

(7-17)

7.2.1.1　串联系统

在由构件性能推导出整体性能的过程中，需要厘清构件(钢绞线)和系统(吊杆结构)之间的关系。首先假定构件和系统之间的关系是串联的，即只要一个构件出现破坏则系统便出现破坏。如系统 S 包括 A, B, C 三个构件，即 $S = \{A,B,C\}$，其失效破坏概率与各构件的破坏概率关系如下：

$$P(S = 1 \mid A = 1, B = 0, C = 0) = 1$$
$$P(S = 1 \mid A = 0, B = 1, C = 0) = 1$$
$$P(S = 1 \mid A = 0, B = 0, C = 1) = 1$$
$$P(S = 1 \mid A = 1, B = 1, C = 0) = 1$$
$$P(S = 1 \mid A = 1, B = 0, C = 1) = 1$$
$$P(S = 1 \mid A = 0, B = 1, C = 1) = 1$$
$$P(S = 1 \mid A = 1, B = 1, C = 1) = 1$$
$$P(S = 1 \mid A = 0, B = 0, C = 0) = 0$$

(7-18)

式中，数字 1 代表构件或系统发生破坏；数字 0 代表构件或系统没有发生破坏。

结合贝叶斯全概率公式，可以根据上式计算出系统 S 的失效破坏概率：

$$
\begin{aligned}
P(S = 1) = {} & P(S = 1 \mid A = 1, B = 0, C = 0) \times P(A = 1, B = 0, C = 0) \\
& + P(S = 1 \mid A = 0, B = 1, C = 0) \times P(A = 0, B = 1, C = 0) \\
& + P(S = 1 \mid A = 0, B = 0, C = 1) \times P(A = 0, B = 0, C = 1) \\
& + P(S = 1 \mid A = 1, B = 0, C = 1) \times P(A = 1, B = 0, C = 1) \\
& + P(S = 1 \mid A = 0, B = 1, C = 1) \times P(A = 0, B = 1, C = 1) \\
& + P(S = 1 \mid A = 1, B = 1, C = 0) \times P(A = 1, B = 1, C = 0) \\
& + P(S = 1 \mid A = 1, B = 1, C = 1) \times P(A = 1, B = 1, C = 1)
\end{aligned}
$$

(7-19)

当已知系统失效概率时,根据贝叶斯定理还能够推导出各构件的失效概率,即

$$P(A = 1 \mid S = 1) = \frac{P(A = 1, S = 1)}{P(S = 1)} = \frac{P(A = 1)}{P(S = 1)}$$

$$P(B = 1 \mid S = 1) = \frac{P(B = 1, S = 1)}{P(S = 1)} = \frac{P(B = 1)}{P(S = 1)}$$

$$P(C = 1 \mid S = 1) = \frac{P(C = 1, S = 1)}{P(S = 1)} = \frac{P(C = 1)}{P(S = 1)} \tag{7-20}$$

7.2.1.2　并联系统

当假定构件和系统之间的关系是并联时,即只有全部构件出现破坏时系统才会出现破坏。如系统 S 包括 A,B,C 三个构件,即 $S = \{A, B, C\}$,其失效破坏概率与各构件的破坏概率关系如下:

$$P(S = 1 \mid A = 1, B = 0, C = 0) = 0$$
$$P(S = 1 \mid A = 0, B = 1, C = 0) = 0$$
$$P(S = 1 \mid A = 0, B = 0, C = 1) = 0$$
$$P(S = 1 \mid A = 1, B = 1, C = 0) = 0$$
$$P(S = 1 \mid A = 1, B = 0, C = 1) = 0$$
$$P(S = 1 \mid A = 0, B = 1, C = 1) = 0$$
$$P(S = 1 \mid A = 1, B = 1, C = 1) = 1$$
$$P(S = 1 \mid A = 0, B = 0, C = 0) = 0 \tag{7-21}$$

式中,数字 1 代表构件或系统发生破坏;数字 0 代表构件或系统没有发生破坏。

结合贝叶斯全概率公式,可以根据上式计算出系统 S 的失效破坏概率:

$$
\begin{aligned}
P(S = 1) = &\ P(S = 1 \mid (B = 1 \mid (A = 1 \mid C = 1))) \times P(B = 1 \mid (A = 1 \mid C = 1)) \\
&+ P(S = 1 \mid (B = 1 \mid (C = 1 \mid A = 1))) \times P(B = 1 \mid (C = 1 \mid A = 1)) \\
&+ P(S = 1 \mid (C = 1 \mid (B = 1 \mid A = 1))) \times P(C = 1 \mid (B = 1 \mid A = 1)) \\
&+ P(S = 1 \mid (C = 1 \mid (A = 1 \mid B = 1))) \times P(C = 1 \mid (A = 1 \mid B = 1)) \\
&+ P(S = 1 \mid (A = 1 \mid (B = 1 \mid C = 1))) \times P(A = 1 \mid (B = 1 \mid C = 1)) \\
&+ P(S = 1 \mid (A = 1 \mid (C = 1 \mid B = 1))) \times P(A = 1 \mid (C = 1 \mid B = 1)) \\
&+ P(S = 1 \mid (A = 1, B = 1 \mid C = 1)) \times P(A = 1, B = 1 \mid C = 1) \\
&+ P(S = 1 \mid (B = 1, C = 1 \mid A = 1)) \times P(B = 1, C = 1 \mid A = 1) \\
&+ P(S = 1 \mid (A = 1, C = 1 \mid B = 1)) \times P(A = 1, C = 1 \mid B = 1) \\
&+ P(S = 1 \mid (A = 1, B = 1, C = 1)) \times P(A = 1, B = 1, C = 1)
\end{aligned}
\tag{7-22}
$$

式中,$B = 1 \mid A = 1$ 表示构件 A 先发生破坏而后构件 B 发生破坏;$A = 1$,$B = 1$ 表示构件 A 和构件 B 同时发生破坏。

可见,相比于串联系统,并联系统的贝叶斯网络更为复杂,但并联系统模式更贴近于实际工程情况。进一步,当已知系统 S 的失效概率时,根据贝叶斯定理还能够推导出各构件的先后失效概率,即

$$P((A = 1 \mid (B = 1 \mid C = 1)) \mid S = 1) = \frac{P(A = 1 \mid (B = 1 \mid C = 1))}{P(S = 1)}$$

$$P((A = 1 \mid (C = 1 \mid B = 1)) \mid S = 1) = \frac{P(A = 1 \mid (C = 1 \mid B = 1))}{P(S = 1)}$$

$$P((B = 1 \mid (C = 1 \mid A = 1)) \mid S = 1) = \frac{P(B = 1 \mid (C = 1 \mid A = 1))}{P(S = 1)}$$

$$P((B = 1 \mid (A = 1 \mid C = 1)) \mid S = 1) = \frac{P(B = 1 \mid (A = 1 \mid C = 1))}{P(S = 1)}$$

$$P((C = 1 \mid (A = 1 \mid B = 1)) \mid S = 1) = \frac{P(C = 1 \mid (A = 1 \mid B = 1))}{P(S = 1)}$$

$$P((C = 1 \mid (B = 1 \mid A = 1)) \mid S = 1) = \frac{P(C = 1 \mid (B = 1 \mid A = 1))}{P(S = 1)}$$

$$P((A = 1, B = 1 \mid C = 1) \mid S = 1) = \frac{P(A = 1, B = 1 \mid C = 1)}{P(S = 1)}$$

$$P((A = 1, C = 1 \mid B = 1) \mid S = 1) = \frac{P(A = 1, C = 1 \mid B = 1)}{P(S = 1)}$$

$$P((B = 1, C = 1 \mid A = 1) \mid S = 1) = \frac{P(B = 1, C = 1 \mid A = 1)}{P(S = 1)}$$

$$P((A = 1, B = 1, C = 1) \mid S = 1) = \frac{P(A = 1, B = 1, C = 1)}{P(S = 1)}$$

$$(7\text{-}23)$$

7.2.2 疲劳可靠度理论

根据 GB 50068—2018《建筑结构可靠性设计统一标准》,结构可靠性的定义为结构在规定时间内,完成预定功能的概率[273]。结构可靠性模型是根据结构的材料属性和荷载条件等建立的结构功能函数 $g(\cdot)$。在该函数中,结构的工作状态由各个随机变量来表征,当该函数等于 0 时,即为极限状态方程:

$$Z = g(x) = g(x_1, x_2, \cdots x_n) = 0 \tag{7-24}$$

式中,$x_i (i = 1, 2, \cdots, n)$ 为极限状态方程中第 i 个独立随机变量。当 $g(x) < 0$ 时,则认为结构已经失效;当 $g(x) > 0$ 时,则认为结构目前安全。因此,失效概率 P_f 可

以表示为：

$$P_f = \int_{g(x)<0} f_x(x)\mathrm{d}x \tag{7-25}$$

式中，$f_x(x)$ 为 $g(x)$ 的联合概率密度函数。

结构可靠性指标通常用 β 表示，结构可靠性指标 β 与失效概率 P_f 之间存在一一对应的关系，即

$$P_f = \Phi(-\beta) \tag{7-26}$$

其中，$\Phi(\cdot)$ 为标准正态分布函数。

根据结构可靠度理论，疲劳损伤的极限状态方程 $g(\cdot)$ 可由下式进行计算：

$$g(D_f, B, s, n_{\mathrm{tot}}, t) = D_f - t \times D = 0$$

$$D = \lim_{\Delta S \to 0} \sum_{i=1}^{n} \frac{n_i}{N_i} = \lim_{\Delta S \to 0} \sum_{i=1}^{n} \frac{n_{\mathrm{tot}} f(S)\Delta S}{N_i} \to \int_S \frac{n_{\mathrm{tot}} f(S)}{N}\mathrm{d}S \tag{7-27}$$

式中，n_i 是第 i 个循环中的次数；$f(S)$ 是等效结构应力的概率分布，其可以通过第 4 章提出的有限混合分布方法表示；N 为日循环次数，其可以根据 $S\text{-}N$ 曲线计算得出；n_{tot} 为总循环次数；t 为结构的服役年限；D_f 为失效时的疲劳损伤，可以通过对数正态分布进行表示，即 $LN(0, 0.294)$[274]。

根据极限状态方程，将国产 1860 级低松弛预应力钢绞线的 $S\text{-}N$ 曲线代入公式(7-27)中，可以得到疲劳失效概率 P_f 和可靠度指标 β[10]：

$$P_f = P\{g(D_f, S, B, n_{\mathrm{tot}}, t) \leqslant 0\} = P\left\{ D_f - t \times \int_S \frac{n_{\mathrm{tot}} f(S) S^{3.5}}{10^B}\mathrm{d}S \leqslant 0 \right\}$$

$$\beta = \Phi^{-1}(1 - P_f) = -\Phi^{-1}(P_f) \tag{7-28}$$

对于串联系统，其系统疲劳失效概率分布可以根据下式计算：

$$P(S = 1) = \int_{D_f \leqslant tD_A, D_f \leqslant tD_B, D_f \leqslant tD_C} f(D_f)f(tD_A)f(tD_B)f(tD_C)\mathrm{d}D_f\mathrm{d}D_A\mathrm{d}D_B\mathrm{d}D_C$$

$$+ \int_{D_f \geqslant tD_A, D_f \leqslant tD_B, D_f \leqslant tD_C} f(D_f)f(tD_A)f(tD_B)f(tD_C)\mathrm{d}D_f\mathrm{d}D_A\mathrm{d}D_B\mathrm{d}D_C$$

$$+ \int_{D_f \leqslant tD_A, D_f \geqslant tD_B, D_f \leqslant tD_C} f(D_f)f(tD_A)f(tD_B)f(tD_C)\mathrm{d}D_f\mathrm{d}D_A\mathrm{d}D_B\mathrm{d}D_C$$

$$+ \int_{D_f \leqslant tD_A, D_f \leqslant tD_B, D_f \geqslant tD_C} f(D_f)f(tD_A)f(tD_B)f(tD_C)\mathrm{d}D_f\mathrm{d}D_A\mathrm{d}D_B\mathrm{d}D_C$$

$$+ \int_{D_f \geqslant tD_A, D_f \geqslant tD_B, D_f \leqslant tD_C} f(D_f)f(tD_A)f(tD_B)f(tD_C)\mathrm{d}D_f\mathrm{d}D_A\mathrm{d}D_B\mathrm{d}D_C$$

$$+ \int_{D_f \geqslant tD_A, D_f \leqslant tD_B, D_f \geqslant tD_C} f(D_f)f(tD_A)f(tD_B)f(tD_C)\mathrm{d}D_f\mathrm{d}D_A\mathrm{d}D_B\mathrm{d}D_C$$

$$+ \int_{D_f \leqslant tD_A, D_f \geqslant tD_B, D_f \geqslant tD_C} f(D_f)f(tD_A)f(tD_B)f(tD_C)\mathrm{d}D_f\mathrm{d}D_A\mathrm{d}D_B\mathrm{d}D_C$$

$$\tag{7-29}$$

对于并联系统,其系统疲劳失效概率分布可以根据下式计算:

$$P(S=1) = \int_{D_f \leqslant tD_A, D_f \leqslant tD_B, D_f \leqslant tD_C} f(D_f) f(tD_A) f(tD_B) f(tD_C) \mathrm{d}D_f \mathrm{d}D_A \mathrm{d}D_B \mathrm{d}D_C$$

(7-30)

7.2.3　蒙特卡罗积分方法

从公式(7-29)和公式(7-30)中可以看出,基于贝叶斯网络的系统可靠度方程的表达式十分复杂,因此需要一种合适的方法进行求解。目前蒙特卡罗积分方法被广泛用于计算贝叶斯网络中的复杂、多维积分问题[275]。相比于传统数值积分方法,蒙特卡罗积分方法以生成大量的随机数来描述复杂高维函数问题,并以此逼近未知函数的解[276]:

$$F = \int f(x) \mathrm{d}x$$

(7-31)

式中,x 是桥梁健康监测系统数据;$f(x)$ 是 x 的连续方程,在本节中,其代表贝叶斯网络中的疲劳概率方程。

当 $f(x)$ 的表达式非常复杂时,可以通过分离 $f(x)$ 函数并用另两个函数表示[277]:

$$F = E[g(x)] = \int g(x) P(x) \mathrm{d}x$$

(7-32)

式中,$g(x)$ 是 x 的几何函数;$P(x)$ 是目标概率分布函数;E 表示求解函数的期望值。当 $f(x)$ 是复杂多维函数时,可以通过 $g(x)$ 和 $P(x)$ 函数进行表示。因此,求解 $f(x)$ 函数就是求 $g(x)$ 和 $P(x)$ 函数的解。

对于 $P(x)$ 函数,可以通过生成大量的样本 x^t 来逼近其解[278]:

$$E[g(x)] = \frac{1}{n} \sum_{t=1}^{n} g(x^t) \xrightarrow{n \to \infty} \int g(x) P(x) \mathrm{d}x$$

(7-33)

根据上式可以得出,函数的精确解取决于蒙特卡罗积分方法中生成的样本数 n,即样本数越多,越能逼近函数的解,但样本数越多也会导致计算效率下降,其蒙特卡罗积分方法的流程如图 7-18 所示。

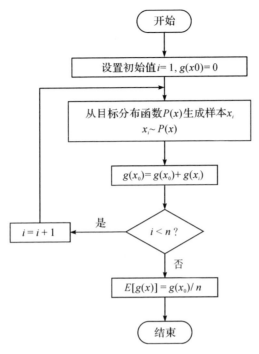

图 7-18　蒙特卡罗算法流程

7.2.4　桥梁吊杆时变可靠度计算案例

在实际工程中,吊杆内部的钢丝可能会出现断丝和被腐蚀的情况。当吊杆系统内的平行钢丝断丝后,吊杆内部剩余钢丝会产生应力重分布,导致吊杆系统抗疲劳性能发生改变。此外,当吊杆系统内的平行钢丝被腐蚀后,平行钢丝的抗疲劳性能降低,导致吊杆系统抗疲劳性能下降。在本小节中,假设吊杆结构由 61 根平行钢丝组成,图 7-19(a)表示吊杆内平行钢丝完好(无钢丝断丝和被腐蚀情况);图 7-19(b)表示吊杆内存在平行钢丝断丝现象;图 7-19(c)表示吊杆内存在平行钢丝被腐蚀现象;图 7-19(d)表示吊杆内同时存在平行钢丝断丝和被腐蚀现象。

7.2.4.1　钢丝断丝数量对吊杆系统疲劳可靠度的影响

假设吊杆结构由 61 根平行钢丝组成,平行钢丝的极限抗拉强度为 1860MPa,平均拉应力强度为 1050MPa。进一步假设吊杆内 61 根平行钢丝的等效应力幅可以通过对数正态分布进行表示,即 $LN(\ln(30), 0.1)$;其等效应力循环次数也可以通过对数正态分布进行表示,$LN(\ln(6000), 0.05)$。此外,基于纤维束强度理论,不考虑平行钢丝间的接触关系。根据公式(5-14)得到 B 值为 13.84,将其代入疲

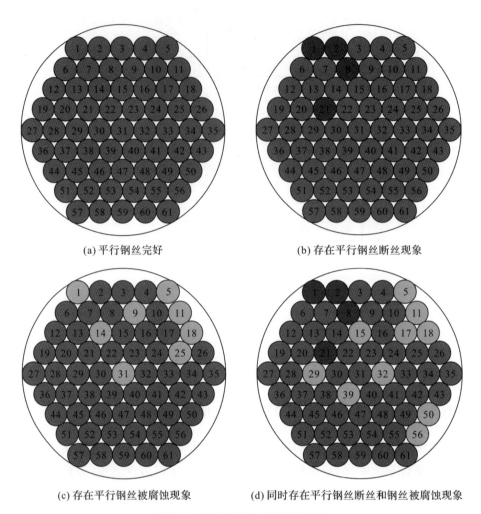

(a) 平行钢丝完好

(b) 存在平行钢丝断丝现象

(c) 存在平行钢丝被腐蚀现象

(d) 同时存在平行钢丝断丝和钢丝被腐蚀现象

图 7-19 吊杆截面内平行钢丝状态

劳可靠度方程(7-28)中,得到在平行钢丝都没有断丝的情况下吊杆系统的疲劳失效概率和疲劳可靠度指标,如图 7-20 所示。从图 7-20 中可以看出,当吊杆系统内平行钢丝都没有断丝时,服役 100 年后桥梁吊杆系统的疲劳可靠度指标为 4.5648。

在 5 根钢丝断丝后,剩余 56 根平行钢丝的平均拉应力强度为 1143.7MPa,根据公式(5-14)得到 B 值为 13.65,将其代入疲劳可靠度方程(7-28)中,得到 5 根钢丝断丝后吊杆系统的时变疲劳可靠度,如图 7-21 所示。从图 7-21 中可以看出,当吊杆系统内有 5 根平行钢丝断丝时,服役 100 年后桥梁吊杆系统的疲劳可靠度指标为 3.1373。

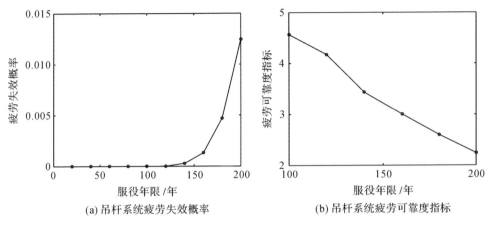

(a) 吊杆系统疲劳失效概率　　　　　　　(b) 吊杆系统疲劳可靠度指标

图 7-20　无钢丝断丝的吊杆系统疲劳可靠度

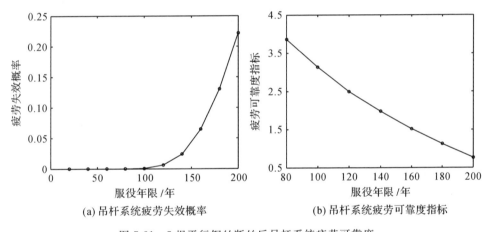

(a) 吊杆系统疲劳失效概率　　　　　　　(b) 吊杆系统疲劳可靠度指标

图 7-21　5 根平行钢丝断丝后吊杆系统疲劳可靠度

在 10 根钢丝断丝后,剩余 51 根平行钢丝的平均拉应力为 1255.8MPa,根据公式(5-14)得到 B 值为 13.39,将其代入疲劳可靠度方程(7-28)中,得到在 10 根钢丝断丝后吊杆系统的时变疲劳可靠度,如图 7-22 所示。从图 7-22 中可以看出,当吊杆系统内有 10 根平行钢丝断丝时,服役 100 年后桥梁吊杆系统的疲劳可靠度指标为 1.0880。可见,此时吊杆系统已经近乎完全失效,即随着桥梁吊杆系统内平行钢丝的断丝数量增加,吊杆系统的疲劳可靠度在迅速下降。

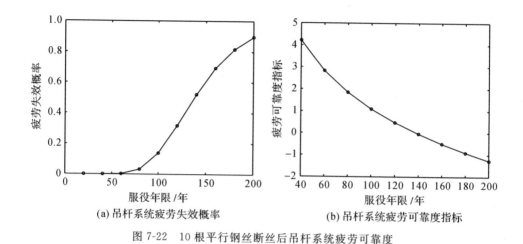

(a) 吊杆系统疲劳失效概率　　　　　　(b) 吊杆系统疲劳可靠度指标

图 7-22　10 根平行钢丝断丝后吊杆系统疲劳可靠度

7.2.4.2　钢丝腐蚀数量对吊杆系统疲劳可靠度的影响

在钢丝断丝前,钢丝会出现裂纹、截面积减小等腐蚀情况,本小节主要分析腐蚀作用对吊杆系统疲劳可靠度的影响,即不出现断丝情况,进而不会发生应力重分布的情况。其中,假设吊杆内 61 根平行钢丝的等效应力幅可以通过对数正态分布进行表示,即 $LN(\ln(30),0.1)$;其等效应力循环次数也可以通过对数正态分布进行表示,即 $LN(\ln(6000),0.05)$。在吊杆内有 5 根钢丝被腐蚀后,即还有 56 根钢丝没有被腐蚀,将其代入疲劳可靠度方程(7-28)中,得到在 5 根钢丝被腐蚀后吊杆系统的时变疲劳可靠度,如图 7-23 所示。从图 7-23 中可以看出,当吊杆系统内有 5 根钢丝被腐蚀时,服役 100 年后桥梁吊杆系统的疲劳可靠度指标为 4.4172。

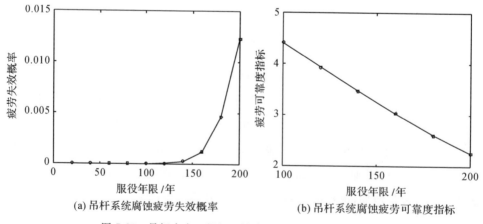

(a) 吊杆系统腐蚀疲劳失效概率　　　　　(b) 吊杆系统腐蚀疲劳可靠度指标

图 7-23　吊杆内有 5 根钢丝被腐蚀后的系统疲劳可靠度

在吊杆内有 10 根钢丝被腐蚀后,即还有 51 根钢丝没有被腐蚀,将其代入疲劳可靠度方程(7-28)中,得到在 10 根钢丝被腐蚀后吊杆系统的时变疲劳可靠度,如图 7-24 所示。从图 7-24 中可以看出,当吊杆系统内有 10 根钢丝被腐蚀时,服役100 年后桥梁吊杆系统的疲劳可靠度指标为 3.8082。

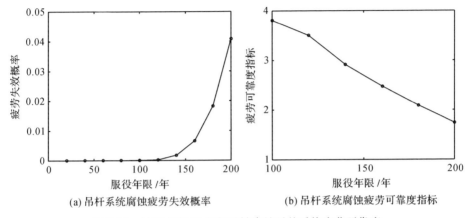

(a) 吊杆系统腐蚀疲劳失效概率　　　　(b) 吊杆系统腐蚀疲劳可靠度指标

图 7-24　吊杆内有 10 根钢丝被腐蚀后的系统疲劳可靠度

在吊杆内有 20 根钢丝被腐蚀后,即还有 41 根钢丝没有被腐蚀,将其代入疲劳可靠度方程(7-28)中,得到在 20 根钢丝被腐蚀后吊杆系统的时变疲劳可靠度,如图 7-25 所示。从图 7-25 中可以看出,当吊杆系统内有 20 根钢丝被腐蚀时,服役100 年后桥梁吊杆系统的疲劳可靠度指标为 3.1865。可见,当吊杆内有钢丝受到腐蚀作用后,吊杆系统的疲劳可靠度会大幅线性降低。因此在实际工程中往往需要在吊杆表面包裹或涂抹防腐材料,以此来避免吊杆内钢丝受到腐蚀作用。

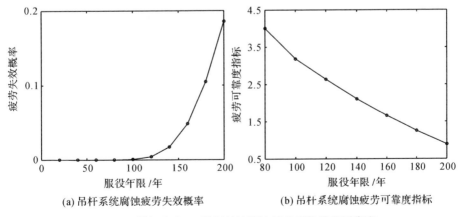

(a) 吊杆系统腐蚀疲劳失效概率　　　　(b) 吊杆系统腐蚀疲劳可靠度指标

图 7-25　吊杆内有 20 根钢丝被腐蚀后的系统疲劳可靠度

7.2.4.3　钢丝断丝与腐蚀共同作用对吊杆系统疲劳可靠度的影响

特别地,桥梁吊杆里可能存在部分钢丝断丝、部分钢丝被腐蚀的情况。因此,本小节主要分析断丝与腐蚀共同作用对吊杆系统疲劳可靠度的影响。其中,仍然假设吊杆内 61 根平行钢丝的等效应力幅可以通过对数正态分布进行表示,即 $LN(\ln(30),0.1)$;其等效应力循环次数也可以通过对数正态分布进行表示,即 $LN(\ln(6000),0.05)$。

在吊杆内有 5 根钢丝断丝且还有 5 根钢丝被腐蚀后,即此时还有 51 根钢丝完整,根据公式(5-14)得到 B 值为 13.65。将其代入疲劳可靠度方程(7-28)中,得到在 5 根钢丝断丝且还有 5 根钢丝被腐蚀后吊杆系统的时变疲劳可靠度,如图 7-26 所示。从图 7-26 中可以看出,当吊杆系统内有 5 根钢丝断丝且还有 5 根钢丝被腐蚀时,服役 100 年后桥梁吊杆系统的疲劳可靠度指标为 2.6113。

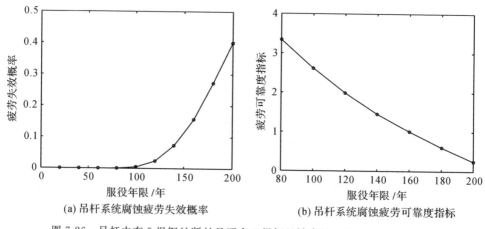

| (a)吊杆系统腐蚀疲劳失效概率 | (b)吊杆系统腐蚀疲劳可靠度指标 |

图 7-26　吊杆内有 5 根钢丝断丝且还有 5 根钢丝被腐蚀后的系统疲劳可靠度

在吊杆内有 5 根钢丝断丝且还有 10 根钢丝被腐蚀后,即此时还有 46 根钢丝完整,根据公式(5-14)得到 B 值为 13.65。将其代入疲劳可靠度方程(7-28)中,得到在 5 根钢丝断丝且还有 10 根钢丝被腐蚀后吊杆系统的时变疲劳可靠度,如图 7-27 所示。从图 7-27 中可以看出,当吊杆系统内有 5 根钢丝断丝且还有 10 根钢丝被腐蚀时,服役 100 年后桥梁吊杆系统的疲劳可靠度指标为 2.1568。

在吊杆内有 10 根钢丝断丝且还有 10 根钢丝被腐蚀后,即此时还有 41 根钢丝完整,根据公式(5-14)得到 B 值为 13.39。将其代入疲劳可靠度方程(7-28)中,得到在 10 根钢丝断丝且还有 10 根钢丝被腐蚀后吊杆系统的时变疲劳可靠度,如图 7-28 所示。从图 7-28 中可以看出,当吊杆系统内有 10 根钢丝断丝且还有 10 根钢丝被腐蚀时,服役 100 年后桥梁吊杆系统的疲劳可靠度指标为 0.1355。可见,钢丝在断丝和腐蚀共同作用下,吊杆系统的疲劳可靠度会迅速下降,其中断丝对吊杆系统疲劳可靠度影响最大。

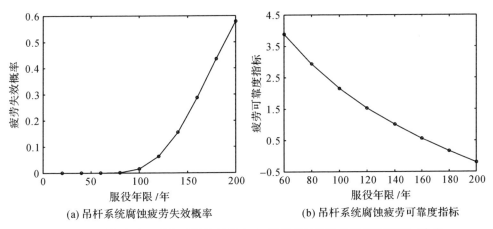

(a) 吊杆系统腐蚀疲劳失效概率　　　(b) 吊杆系统腐蚀疲劳可靠度指标

图 7-27　吊杆内有 5 根钢丝断丝且还有 10 根钢丝被腐蚀后的系统疲劳可靠度

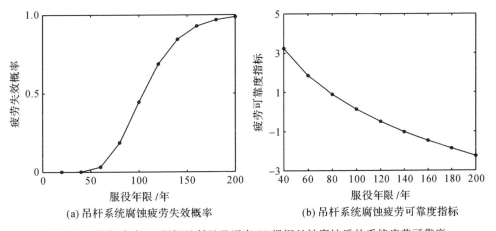

(a) 吊杆系统腐蚀疲劳失效概率　　　(b) 吊杆系统腐蚀疲劳可靠度指标

图 7-28　吊杆内有 10 根钢丝断丝且还有 10 根钢丝被腐蚀后的系统疲劳可靠度

　　将上述结果进行统计,得到桥梁吊杆系统疲劳可靠度与其内部钢丝断丝数量、钢丝受腐蚀作用数量及断丝与腐蚀耦合作用之间的关系,如表 7-1 所示。从表中可以看出,断丝数量和吊杆系统疲劳可靠度之间存在非线性相关关系;而腐蚀数量和吊杆系统可靠度之间存在线性相关关系。此外,断丝数量对吊杆系统疲劳可靠度影响最大,并且当断丝和被腐蚀共同作用时,桥梁吊杆系统疲劳可靠度相比于单因素作用会迅速降低,因此,应在桥梁吊杆运行期内及时关注吊杆内钢丝断丝及拉力变化情况。

表 7-1 系统疲劳可靠度与钢丝断丝数量、被腐蚀数量及其耦合作用的相关关系

失效状态	断丝数量	被腐蚀数量	B 值	疲劳可靠度指标/100 年
断丝破坏	0	0	13.84	4.5648
	5	0	13.65	3.1373
	10	0	13.39	1.0880
被腐蚀破坏	0	5	13.84	4.4172
	0	10	13.84	3.8082
	0	20	13.84	3.1865
断丝＋被腐蚀耦合破坏	5	5	13.65	2.6113
	5	10	13.65	2.1568
	10	10	13.39	0.1355

7.3 本章小结

本章提出了用贝叶斯优化对吊杆结构的损伤参数进行识别和建立贝叶斯网络方法来计算平行钢丝断丝对吊杆结构可靠度的影响。在桥梁吊杆损伤识别模型中，本章通过附加质量法计算出了吊杆的频率数值，并将其与有限元法所计算得到的频率进行对比，以该误差项作为目标函数进行损伤程度（刚度损伤、拉力损伤）求解。在时变疲劳可靠度评估方面，本章计算出了平行钢丝断丝后的桥梁吊杆整体应力重分布，结合疲劳-寿命模型推理出吊杆系统疲劳可靠度。本章通过数值案例，得出以下结论：①在四种采集函数中（EI、PI、LCB 和 EIPC），基于 EI 采集函数的贝叶斯优化模型对损伤参数（刚度损伤、拉力损伤）的识别效果最好，即其 MAE 和 MAPE 评价指标最低；②在三种不同边界条件环境下（两端固定、两端铰接和一端固定一端铰接），基于 EI 采集函数的贝叶斯优化模型都能够准确地识别出刚度损伤和拉力损伤，并且在两端固结的边界条件下识别率最高；③当存在测量噪声环境时（1% 和 2%），三种参数识别方法（GA、PSO 和 BO）均能够识别出桥梁吊杆的刚度损伤和拉力损伤程度，其中基于 BO 方法的损伤识别准确率是三种方法中最佳的，即其 MAE 和 MAPE 值最小；④基于贝叶斯网络能够根据构件（平行钢丝）的失效情况推理出系统（桥梁吊杆）的疲劳可靠度变化，计算得出断丝数量和系统疲劳可靠度之间存在非线性相关关系，钢丝被腐蚀数量和系统疲劳可靠度之间存在线性相关关系。此外，断丝数量对吊杆系统疲劳可靠度影响最大，并且当断丝和腐蚀共同作用时，桥梁吊杆系统疲劳可靠度相比于单因素作用会迅速降低。

参考文献

[1] 中华人民共和国交通运输部.关于进一步提升公路桥梁安全耐久水平的意见(交公路发〔2020〕127号)[S].北京:中华人民共和国交通运输部,2020-12-28.

[2] 中华人民共和国交通运输部.交通运输部关于印发《交通运输领域新型基础设施建设行动方案(2021—2025年)》的通知[S].北京:中华人民共和国交通运输部,2021-09-23.

[3] Liu Z W, Shen J S, Li S Q, et al. Experimental study on high-mode vortex-induced vibration of stay cable and its aerodynamic countermeasures [J]. Journal of Fluids and Structures,2021,(4):100.

[4] 吴肖波.悬索桥缆索系统风致内共振研究[D].长沙:湖南大学,2015.

[5] Ye X W, Xi P S, Su Y H, et al. Stochastic characterization of wind field characteristics of an arch bridge instrumented with structural health monitoring system [J]. Structural Safety, 2018, 71:47-56.

[6] Deng Y, Li S, Chen Z. Unsteady theoretical analysis on the wake-induced vibration of suspension bridge hangers [J]. Journal of Bridge Engineering, 2019, 24(2): 4018113.

[7] Song Y S, Ding Y L, Zhong W, et al. Reliable fatigue-life assessment of short steel hanger in a rigid tied arch bridge integrating multiple factors [J]. Journal of Performance of Constructed Facilities, 2018, 32(4):4018038.

[8] Ye X W, Su Y H, Xi P S, et al. Statistical analysis and probabilistic modeling of WIM monitoring data of an instrumented arch bridge [J]. Smart Structures and Systems, 2016, 17(6): 1087-1105.

[9] Ye X W, Su Y H, Jin T, et al. Master $S-N$ curve-based fatigue life assessment of steel bridges using finite element model and field monitoring data [J]. International Journal of Structural Stability and Dynamics, 2018, 19:S0219455419400133.

[10] Ni Y Q, Ye X W, Ko J M. Monitoring-based fatigue reliability assessment of steel bridges: analytical model and application [J]. Journal of Structural Engineering, 2010, 136(12): 1563-1573.

[11] 朱金,吴梦雪,尹力,等.随机车流-风联合作用下沿海大跨度斜拉桥拉索疲劳寿命预测[J].中国公路学报,2020,33(11):186-198.

[12] Ye X W, Ni Y Q, Wong K Y, et al. Statistical analysis of stress spectra for fatigue life assessment of steel bridges with structural health monitoring data [J]. Engineering Structures, 2012, 45(15): 166-176.

[13] Ye X W, Xi P S, Su Y H, et al. Stochastic characterization of wind field characteristics of an arch bridge instrumented with structural health monitoring system [J]. Structural Safety, 2018, 71:47-56.

[14] 陈政清,李春光,张志田,等.山区峡谷地带大跨度拱桥风场特性试验[J].实验流体力学,2008,3:54-59,67.

[15] Yang S, Yang H, Liu G, et al. Approach for fatigue damage assessment of welded structure considering coupling effect between stress and corrosion [J]. International Journal of Fatigue, 2016, 88(6): 88-95.

[16] 罗雄.利用短期实际风速记录模拟极值风速及桥梁时域抖振分析[D].成都:西南交通大学,2002.

[17] Lei Y, Lu J, Huang J. Synthesize identification and control for smart structures with time-varying parameters under unknown earthquake excitation[J]. Structural Control and Health Monitoring, 2020, 27(4):e2512.

[18] Ye X W, Su Y H, Xi P S, et al. Structural health monitoring data reconstruction of a concrete cable-stayed bridge based on wavelet multi-resolution analysis and support vector machine [J]. Computers and Concrete, 2017, 20(5): 555-562.

[19] 奚培森.基于结构健康监测的桥址风场特性统计分析与概率建模[D].杭州:浙江大学,2018.

[20] 刘军.桥梁长期健康监测系统集成与设计研究[D].武汉:武汉理工大学,2010.

[21] 胡珺.桥梁结构健康监测数据管理系统设计与实现[D].哈尔滨:哈尔滨工业大学,2016.

[22] Martin M, Pavel R, José C M. Static and fatigue test on real steel bridge components deteriorated by corrosion[J]. International Journal of Steel Structures, 2018, 19:110-130.

[23] 郑宇倩.腐蚀-疲劳耦合作用下缆索钢丝的损伤劣化过程研究[D].南京:东南大学,2019.

[24] Cui C, Chen A, Ma R. An improved continuum damage mechanics model for evaluating corrosion-fatigue life of high-strength steel wires in the real service environment [J]. International Journal of Fatigue, 2020, 135(6): 105540.

［25］陈汉林．交变荷载-氯盐环境耦合条件下拉索钢丝腐蚀疲劳行为研究［D］．重庆：重庆交通大学，2020.

［26］王文利．风力作用下桅杆结构拉耳焊接节点板裂纹萌生疲劳寿命的评估［D］．武汉：武汉理工大学，2012.

［27］秦广冲．腐蚀坑对钢材应力集中系数及疲劳损伤影响研究［D］．西安：西安建筑科技大学，2014.

［28］汤国栋，廖光明，严斌，等．桥梁钢索服役破断的安全评定与索力检测［J］．公路，2016，61(12)：119-126.

［29］Saad L，Aissani A，Chateauneuf A，et al. Reliability-based optimization of direct and indirect LCC of RC bridge elements under coupled fatigue-corrosion deterioration processes ［J］. Engineering Failure Analysis，2016，59：570-587.

［30］Tien I，DerK A. Algorithms for Bayesian network modeling and reliability assessment of infrastructure systems ［J］. Reliability Engineering and System Safety，2016，156(12)：134-147.

［31］Ye X W，Yuan L，Xi P S，et al. SHM-based probabilistic representation of wind properties：Statistical analysis and bivariate modeling ［J］. Smart Structures and Systems，2018，21(5)：591-600.

［32］Ye X W，Yuan L，Xi P S，et al. SHM-based probabilistic representation of wind properties：Bayesian inference and model optimization ［J］. Smart Structures and Systems，2018，21(5)：601-609.

［33］Schneider R，Thons S，Straub D. Reliability analysis and updating of deteriorating systems with subset simulation ［J］. Structural Safety，2017，64：20-36.

［34］Fereshtehnejad E，Banazadeh M，Shafieezadeh A. System reliability-based seismic collapse assessment of steel moment frames using incremental dynamic analysis and Bayesian probability network ［J］. Engineering Structures，2016，118：274-286.

［35］Vanderhorn E，Eric F，Mahadevan B，et al. Bayesian model updating with summarized statistical and reliability data ［J］. Reliability Engineering and System Safety，2018，172：12-24.

［36］林涛涛，陈隽，李想，等．基于连续型风速风向联合概率分布的风致结构疲劳分析方法研究［J］．振动与冲击，2014，33(12)：48-52，105.

［37］Miner M A. Cumulative damage in fatigue ［J］. Journal of Applied Mechanics，1945，12(3)：159-164.

[38] Chen B, Chen Z, Xie X, et al. Fatigue performance evaluation for an orthotropic steel bridge deck based on field hotspot stress measurements [J]. Journal of Testing and Evaluation, 2020, 48(2): 20180565.

[39] 汤国栋,廖光明,严斌,等.剩余强度广义应力与桥梁钢索的破断:论检测索力不能评定钢索的服役安全性[J].上海公路,2017,1:5,25-30.

[40] 苏有华.基于主 $S-N$ 曲线法的典型钢桥焊接节点疲劳寿命评估[D].兰州:兰州理工大学,2014.

[41] Yu S, Ye Z T, Ou J P. Data-based models for fatigue reliability assessment and life prediction of orthotropic steel deck details considering pavement temperature and traffic loads [J]. Journal of Civil Structural Health Monitoring, 2019, 9(4): 579-596.

[42] 韩艳,刘跃飞,刘志文,等.江顺大桥风致抖振响应及斜拉索疲劳损伤分析[J].长沙理工大学学报(自然科学版),2016,13(3):50-57.

[43] Liu Z, Guo T, Huang L, et al. Fatigue life evaluation on short suspenders of long-span suspension bridge with central clamps [J]. Journal of Bridge Engineering, 2017, 22(10): 4017074.

[44] Zhang W, Cai C S, Pan F. Fatigue reliability assessment for long-span bridges under combined dynamic loads from winds and vehicles [J]. Journal of Bridge Engineering, 2013, 18(8): 735-747.

[45] Xu Y L, Tan Z X, Zhu L D, et al. Buffeting-induced stress analysis of long-span twin-box-beck bridges based on POD pressure modes [J]. Journal of Wind Engineering and Industrial Aerodynamics, 2019, 188:397-409.

[46] Han Y, Li K, Cai C S, et al. Fatigue reliability assessment of long-span steel-truss suspension bridges under the combined action of random traffic and wind loads [J]. Journal of Bridge Engineering, 2020, 25(3): 4020003.

[47] Jiang C, Wu C, Cai C S, et al. Corrosion fatigue analysis of stay cables under combined loads of random traffic and wind [J]. Engineering Structures, 2020, 206:110153.

[48] Xu Y L, Xia H, Yan Q S. Dynamic response of suspension bridge to high wind and running train [J]. Journal of Bridge Engineering, 2003, 8(1): 46-55.

[49] 黄铭枫,叶何凯,楼文娟,等.考虑风速风向分布的干煤棚结构风振疲劳分析[J].浙江大学学报(工学版),2019,53(10):1916-1926.

［50］Liu S，Cai C S，Han Y，et al. Stress-level buffeting analysis and wind turbulence intensity effects on fatigue damage of long-span bridges［J］. Journal of Aerospace Engineering，2020，33(6)：4020074.

［51］An K，Fung J C H，Yim S H L. Sensitivity of inflow boundary conditions on downstream wind and turbulence profiles through building obstacles using a CFD approach［J］. Journal of Wind Engineering and Industrial Aerodynamics，2013，115(4)：137-149.

［52］Jafari M，Sarkar F，Partha P. Parameter identification of wind-induced buffeting loads and onset criteria for dry-cable galloping of yawed/inclined cables［J］. Engineering Structures，2019，180：685-699.

［53］Wan H P，Ni Y Q. Bayesian modeling approach for forecast of structural stress response using structural health monitoring data［J］. Journal of Structural Engineering，2018，144(9)：4018130.

［54］Ye X W，Su Y H，Xi P S. Statistical analysis of stress signals from bridge monitoring by FBG system［J］. Sensors，2018，144(9)：491.

［55］Wu J，Xu H，Zhang Q. Dynamic performance evaluation of Shanghai Tower under winds based on full-scale data［J］. Structural Design of Tall and Special Buildings，2019，28(9)：e1611.

［56］Zhou Y，Sun L. Effects of high winds on a long-span sea-crossing bridge based on structural health monitoring［J］. Journal of Wind Engineering and Industrial Aerodynamics，2018，174：260-268.

［57］Ye X W，Xi P S，Nagode M. Extension of REBMIX algorithm to von Mises parametric family for modeling joint distribution of wind speed and direction［J］. Engineering Structures，2019，183(5)：1134-1145.

［58］Su J Z，Xia Y，Ni Y Q，et al. Field monitoring and numerical simulation of the thermal actions of a supertall structure［J］. Structural Control and Health Monitoring，2017，24(4)：1-23.

［59］袁慎芳,梁栋,高宁,等.基于结构健康监测系统的桥梁数据异常诊断研究［J］.电子科技大学学报,2013,42(1):69-74.

［60］中国公路学报编辑部.中国桥梁工程学术研究综述 2021［J］.中国公路学报,2021,34(2):1-97.

［61］Wang Y，Zheng Y. Research on corrosion fatigue performance and multiple fatigue sources fracture process of corroded steel wires［J］. Advances in Civil Engineering，2019，12(10)：1-24.

[62] 蒋超,吴冲,姜旭. 桥梁缆索高强钢丝均匀腐蚀及点蚀的规律[J].同济大学学报（自然科学版）,2018,46(12):1615-1621.

[63] Zheng Y，Wang Y. Damage evolution simulation and life prediction of high-strength steel wire under the coupling of corrosion and fatigue [J]. Corrosion Science, 2019, 164:108368.

[64] Li F, Luo X, Wang K, et al. Pitting damage characteristics on prestressing steel strands by combined action of fatigue load and chloride corrosion [J]. Journal of Bridge Engineering, 2017, 22(7): 04017023.

[65] Fang K, Li S, Chen Z, et al. Geometric characteristics of corrosion pits on high-strength steel wires in bridge cables under applied stress [J]. Structure and Infrastructure Engineering, 2021, 17(1): 34-48.

[66] Li S L, Xu Y, Zhu S Y, et al. Probabilistic deterioration model of high-strength steel wires and its application to bridge cables [J]. Structure and Infrastructure Engineering, 2014, 11(9): 1240-1249.

[67] Xu J, Chen W Z. Behavior of wires in parallel wire stayed cable under general corrosion effects [J]. Journal of Constructional Steel Research, 2013, 85(6): 40-47.

[68] Li R, Miao C Q, Yu J. Effect of characteristic parameters of pitting on strength and stress concentration factor of cable steel wire [J]. Construction and Building Materials, 2020, 240: 117915.

[69] Chen F, Zhao X, Li Y, et al. A multi-scale corrosion fatigue damage model of high-strength bridge wires [J]. International Journal of Damage Mechanics, 2019, 29(6): 887-901.

[70] 叶华文,黄云,王义强,等. 基于临界域法的桥梁钢丝腐蚀疲劳寿命[J].西南交通大学学报,2015,50(2):294-299.

[71] Nakamura S, Suzumura K. Experimental study on fatigue strength of corroded bridge wires [J]. Journal of Bridge Engineering, 2013, 18(3): 200-209.

[72] 郑祥隆,谢旭,李晓章,等. 锈蚀钢丝疲劳断口分析与寿命预测[J].中国公路学报,2017,30(1):79-86.

[73] Jiang C, Wu C, Jiang X. Experimental study on fatigue performance of corroded high-strength steel wires used in bridges [J]. Construction and Building Materials, 2018, 187(10): 681-690.

[74] Li H, Lan C M, Ju Y, et al. Experimental and numerical study of the fatigue Properties of corroded parallel wire cables [J]. Journal of Bridge Engineering, 2012, 17(2): 211-220.

［75］ Guo Z, Ma Y, Wang L, et al. Corrosion fatigue crack propagation mechanism of high-strength steel bar in various environments ［J］. Journal of Materials in Civil Engineering, 2020, 32(6): 4020115.

［76］ Li R, Miao C, Feng Z, et al. Experimental study on the fatigue behavior of corroded steel wire ［J］. Journal of Constructional Steel Research, 2021, 176:106375.

［77］ 余芳,贾金青,姚大立,等.腐蚀预应力钢绞线的疲劳试验分析［J］.哈尔滨工程大学学报,2014,12:1487-1491.

［78］ Chen A R, Yang Y X, Ma R J, et al. Experimental study of corrosion effects on high-strength steel wires considering strain influence ［J］. Construction and Building Materials, 2020, 240:117910.

［79］ 吴冲,蒋超,姜旭.预腐蚀桥梁缆索高强钢丝疲劳试验［J］.同济大学学报(自然科学版),2018,46(12):12-17,85.

［80］ Lan C M, Xu Y, Liu C P, et al. Fatigue life prediction for parallel-wire stay cables considering corrosion effects ［J］. International Journal of Fatigue, 2018, 114(9): 81-91.

［81］ Wang Y, Zheng Y Q. Simulation of damage evolution and study of multi-fatigue Source fracture of steel wire in bridge cables under the action of pre-corrosion and fatigue ［J］. Computer Modeling in Engineering and Sciences, 2019, 120(2): 375-419.

［82］ Li S L, Xu Y, Li H, et al. Uniform and pitting corrosion modeling for high-strength bridgewires ［J］. Journal of Bridge Engineering, 2014, 19(7): 4014025.

［83］ Miao C Q, Li R, Yu J. Effects of characteristic parameters of corrosion pits on the fatigue life of the steel wires ［J］. Journal of Constructional Steel Research, 2019, 168:105879.

［84］ 王浩,徐梓栋,陶天友,等.基于2008—2015年实测数据的苏通大桥风速风向联合分布分析［J］.东南大学学报(自然科学版),2016,46(4):836-841.

［85］ Ye X W, Xi P S, Su Y H. Analysis of non-stationary wind characteristics at an arch bridge using structural health monitoring data ［J］. Journal of Civil Structural Health Monitoring, 2017, 7(4): 573-587.

［86］ Zhang J, Au F. Fatigue reliability assessment considering traffic flow variation based on weigh-in-motion data ［J］. Advances in Structural Engineering, 2017, 20(1): 125-138.

［87］Guo J，Li Z S，Jin J J．System reliability assessment with multilevel information using the Bayesian melding method ［J］．Reliability Engineering and System Safety，2018，170(2)：146-158．

［88］Ye X W，Yi T H，Wen C，et al．Reliability-based assessment of steel bridge deck using a mesh-insensitive structural stress method ［J］．Smart Structures and Systems，2015，16(2)：367-382．

［89］颜东煌,郭鑫.斜拉索损伤对在役斜拉桥体系可靠度的影响[J].中南大学学报（自然科学版),2020,51(1):213-220.

［90］Lu N，Liu Y，Noori M，et al．System reliability assessment of cable-supported bridges under stochastic traffic loads based on deep belief networks ［J］．Applied Sciences，2020，10(22)：8049．

［91］易富,孙悦,杜常博,等.悬索桥主缆索寿命期内可靠度指标确定方法[J].防灾减灾工程学报,2020,40(3):358-364.

［92］李岩,杨婷婷,夏梁钟.腐蚀对风车联合作用下斜拉桥拉索疲劳可靠性的影响分析[J].湖南大学学报（自然科学版),2020,47(5):112-120.

［93］Lu N W，Liu Y，Beer M．System reliability evaluation of in-service cable-stayed bridges subjected to cable degradation ［J］．Structure and Infrastructure Engineering，2018，14(11)：1486-1498．

［94］苏有华.基于监测的正交异性钢桥面板系统疲劳可靠度评估[D].杭州:浙江大学,2019.

［95］Kala Z．Global sensitivity analysis of reliability of structural bridge system ［J］．Engineering Structures，2019，194:36-45．

［96］Luque J，Straub D．Reliability analysis and updating of deteriorating systems with dynamic bayesian networks ［J］．Structural Safety，2016，62:34-46．

［97］Maljaars J，Vrouwenvelder A C W M．Probabilistic fatigue life updating accounting for inspections of multiple critical locations ［J］．International Journal of Fatigue，2014，68(1)：24-37．

［98］Yuan M，Liu Y，Yan D H，et al．Probabilistic fatigue life prediction for concrete bridges using bayesian inference ［J］．Advances in Structural Engineering，2019，22(3)：765-778．

［99］Maljaars J，Vrouwenvelder T．Fatigue failure analysis of stay cables with initial defects：Ewijk bridge case study ［J］．Structural Safety，2014，51:47-56．

[100] Heng J L, Zheng K F, Kaewunruen S, et al. Dynamic Bayesian network-based system-level evaluation on fatigue reliability of orthotropic steel decks [J]. Engineering Failure Analysis, 2019, 105:1212-1228.

[101] Chen K, Jie Y. Short-term wind speed prediction using an unscented Kalman filter based state-space support vector regression approach [J]. Applied Energy, 2014, 113(1): 690-705.

[102] Hocaoglu F O, Kurban M. The effect of missing wind speed data on wind power estimation[J]. Intelligent Data Engineering and Automated Learning, 2007, 6: 107-114.

[103] Tao T, Wang H, Wu T. Comparative study of the wind characteristics of a strong wind event based on stationary and nonstationary models [J]. Journal of Structural Engineering, 2016, 143(5): 4016230.

[104] Lei M, Luan S, Jiang C, et al. A review on the forecasting of wind speed and generated power [J]. Renewable and Sustainable Energy Reviews, 2009, 13(4): 915-920.

[105] Landberg L. Short-term prediction of the power production from wind farms [J]. Journal of Wind Engineering and Industrial Aerodynamics, 1999, 80 (1-2): 207-220.

[106] Khalid M, Savkin A V. A method for short-term wind power prediction with multiple observation points [J]. IEEE Transactions on Power Systems, 2012, 27(2): 579-586.

[107] Li X, Liu Y, Xin W. Wind speed prediction based on genetic neural network [C]// Conference on Industrial Electronics and Applications. IEEE, 2009, 2448-2451.

[108] Kumar G, Malik H. Generalized regression neural network based wind speed prediction model for western region of India [J]. Procedia Computer Science, 2016, 93:26-32.

[109] Guo Z H, Jie W, Lu H Y, et al. A case study on a hybrid wind speed forecasting method using BP neural network [J]. Knowledge-Based Systems, 2011, 24(7): 1048-1056.

[110] Lazarevska E. Wind speed prediction with extreme learning machine [C]// International Conference on Intelligent Systems. IEEE, 2016.

[111] Huang K, Lang D, Huang S. Wind prediction based on improved bp artificial neural network in wind farm [C]// International Conference on Electrical and Control Engineering. IEEE, 2010, 2548-2551.

[112] Jiang P, Chen J. Displacement prediction of landslide based on generalized regression neural networks with K-fold cross-validation [J]. Neurocomputing, 2016, 198(7): 40-47.

[113] Xu R L, Xu X, Zhu B, et al. The application of Genetic-Neural network on wind power prediction [C]// Information Computing and Applications-Second International Conference, Qinhuangdao, China, ICICA, October 28-31, 2011.

[114] Han F, Yao H F, Ling Q H. An improved evolutionary extreme learning machine based on particle swarm optimization [J]. Neurocomputing, 2013, 116: 87-93.

[115] Yang D, Han F. An improved ensemble of extreme learning machine based on attractive and repulsive particle swarm optimization [C]// International Conference on Intelligent Computing. Springer International Publishing, 2014.

[116] Specht D F. The general regression neural network-Rediscovered [J]. Neural Networks, 1993, 6(7): 1033-1034.

[117] Cigizoglu B, Kerem H. Generalized regression neural network in monthly flow forecasting [J]. Civil Engineering Systems, 2005, 22(2): 71-81.

[118] Heimes F, Heuveln B V. The normalized radial basis function neural network [C]// International Conference on Systems. IEEE, 1998.

[119] Specht D F. A general regression neural network [J]. IEEE Transactions on Neural Networks, 1991, 2(6): 568-576.

[120] Specht D F. Enhancements to probabilistic neural networks [C]// IJCNN International Joint Conference on Neural Networks. IEEE, 1992, 1: 761-768.

[121] Li H Z, Guo S, Li C J, et al. A hybrid annual power load forecasting model based on generalized regression neural network with fruit fly optimization algorithm [J]. Knowledge-Based Systems, 2013, 37(1): 378-387.

[122] Werbos P J. Beyond regression: new tools for prediction and analysis in the behavioral science [D]. Cambridge: Harvard University, 1974.

[123] Jadid M N, Fairbairn D R. The application of neural network techniques to structural analysis by implementing an adaptive finite-element mesh generation [J]. Artificial Intelligence for Engineering Design, Analysis and Manufacturing, 1994, 8(3): 177-191.

[124] Ding S, Su C, Yu J. An optimizing BP neural network algorithm based on genetic algorithm [J]. Artificial Intelligence Review, 2011, 36(2): 153-162.

[125] Huang G B, Zhu Q Y, Siew C K. Extreme learning machine: theory and applications [J]. Neurocomputing, 2006, 70(1-3): 489-501.

[126] 程宇也. 基于人工神经网络的短期电力负荷预测研究[D]. 杭州: 浙江大学, 2017.

[127] Huang G B, Lei C. Convex incremental extreme learning machine [J]. Neurocomputing, 2007, 70(16): 3056-3062.

[128] Chen K, Lv Q, Lu Y, et al. Robust regularized extreme learning machine for regression using iteratively reweighted least squares [J]. Neurocomputing, 2016, 230(22): 345-358.

[129] Diana G, Tommasi C. Cross-validation methods in principal component analysis: A comparison [J]. Statistical Methods and Applications, 2002, 11(1):71-82.

[130] Refaeilzadeh P, Lei T, Liu H. Cross-Validation [M]. New York, US: Springer US, 2009.

[131] 林悦, 夏厚培. 交叉验证的 GRNN 神经网络雷达目标识别方法研究[J]. 现代防御技术, 2018, 46(4):113-119.

[132] Ping J, Zeng Z, Chen J, et al. Generalized regression neural networks with k-fold cross-validation for displacement of landslide forecasting [C]// International Symposium on Neural Networks. Springer International Publishing, 2014.

[133] Shao Z, Meng J E, Ning W. An efficient leave-one-out cross-validation-based extreme learning machine (ELOO-ELM) with minimal user intervention [J]. IEEE Trans actions on Cybern etics, 2016, 46(8): 1939-1951.

[134] Braga-Neto U M, Dougherty E R. Is cross-validation valid for small-sample microarray classification? [J]. Bioinformatics, 2004, 20(3): 374-380.

[135] Holland G, John H. Genetic algorithms and the optimal allocation of trials [J]. Siam Journal on Computing, 1973, 2(2): 88-105.

[136] Maulik U, Bandyopadhyay S. Genetic algorithm-based clustering technique [J]. Pattern Recognition, 2000, 33(9): 1455-1465.

[137] Cheung K S, Langevin A, Delmaire H. Coupling genetic algorithm with a grid search method to solve mixed integer nonlinear programming problems [J]. Computers and Mathematics with Applications, 1997, 34(12): 13-23.

[138] Beheshti Z, Shamsuddin S. CAPSO: Centripetal accelerated particle swarm optimization [J]. Information Sciences, 2014, 258(3): 54-79.

[139] Engelbrecht A P. Fundamentals of computational swarm intelligence [M]. Hoboken, US: John Wiley & Sons Inc, 2005.

[140] Kennedy J, Eberhart R. Particle swarm optimization [C]// Icnn95-international Conference on Neural Networks. IEEE, 2002.

[141] 赵鹏,涂菁菁,杨锡运. 基于 PSO-KELM 的风功率预测研究[J]. 电测与仪表, 2020,57(11):24-29.

[142] Yang J, Astitha M, Anagnostou E N, et al. Using a bayesian regression approach on dual-model windstorm simulations to improve wind speed prediction [J]. Journal of Applied Meteorology and Climatology, 2017, 56(4): 1155-1174.

[143] Perez-Ramirez C A, Amezquita-Sanchez J P, Valtierra-Rodriguez M, et al. Recurrent neural network model with Bayesian training and mutual information for response prediction of large buildings [J]. Engineering Structures, 2019, 178(1): 603-615.

[144] Sevieri G, Falco A D, Marmo G. Shedding light on the effect of uncertainties in the seismic fragility analysis of existing concrete dams [J]. Infrastructures, 2020, 5(3): 22.

[145] Eulogio B V, Igúzquiza P. Bayesian inference of spatial covariance parameters [J]. Mathematical Geology, 1999, 31:47-65.

[146] James L, Beck M, Au S K. Bayesian updating of structural models and reliability using Markov chain Monte Carlo simulation [J]. Journal of Engineering Mechanics, 2002, 128(4): 380-391.

[147] Pepi C, Gioffrè M, Grigoriu M D. Parameters identification of cable stayed footbridges using Bayesian inference [J]. Meccanica, 2019, 54(7): 1403-1419.

[148] Lam H F, Alabi S A, Yang J H. Identification of rail-sleeper-ballast system through time-domain Markov chain Monte Carlo-based bayesian approach [J]. Engineering Structures, 2017, 140(1): 421-436.

[149] Wan H P, Ren W X, Todd M D. An efficient metamodeling approach for uncertainty quantification of complex systems with arbitrary parameter probability distributions [J]. International Journal for Numerical Methods in Engineering, 2017, 109(5): 739-760.

[150] Bayes T. An essay towards solving a problem in the doctrine of chances [J]. Reprint of Royal Society Philosophical Transactions, 1763, 53:370-418.

[151] Rasmussen C E, Nickisch H. Gaussian processes for machine learning (GPML) Toolbox [J]. Journal of Machine Learning Research, 2010, 11(6):3011-3015.

[152] Williams C K I, Rasmussen C E. Gaussian processes for regression [J]. Advances in neural Information Processing Systems, 1996, 8:1-7.

[153] Matthias S. Gaussian processes for machine learning [J]. International Journal of Neural Systems, 2008, 14(2): 69-106.

[154] 万华平, 任伟新, 黄天立. 基于贝叶斯推理的随机模型修正方法[J]. 中国公路学报, 2016, 29(4):67-76,95.

[155] 万华平, 任伟新, 钟剑. 桥梁结构固有频率不确定性量化的高斯过程模型方法 [J]. 中国科学(技术科学), 2016, 46(9):919-925.

[156] Wan H P, Mao Z, Todd M D, et al. Analytical uncertainty quantification for modal frequencies with structural parameter uncertainty using a Gaussian process metamodel [J]. Engineering Structures, 2014, 75(9): 577-589.

[157] Gautschi W. Orthogonal polynomials: applications and computation [J]. Acta Numerica, 1996, 5:45-119.

[158] Wan H P, Ni Y Q. Bayesian multi-task learning methodology for reconstruction of structural health monitoring data [J]. Structural Health Monitoring, 2018, 18(8): 147592171879495.

[159] Rasmussen C E, Williams C. Gaussian processes for machine learning [M]. Cambridge, UK: Massachusetts Institute of Technology Press, 2005.

[160] Ni Y Q, Wang Y W, Zhang C. A Bayesian approach for condition assessment and damage alarm of bridge expansion joints using long-term structural health monitoring data [J]. Engineering Structures, 2020, 212:110520.

[161] 赵旭涛. 基于高斯过程回归的离心泵叶片反问题方法及性能预测研究[D]. 兰州: 兰州理工大学, 2020.

[162] Carta J A, Ramirez P, Velazquez S. A review of wind speed probability distributions used in wind energy analysis: case studies in the Canary Islands [J]. Renewable and Sustainable Energy Reviews, 2009, 13(5): 933-955.

[163] Lee B H, Ahn D J, Kim H G, et al. An estimation of the extreme wind speed using the Korea wind map [J]. Renewable Energy, 2012, 42(1): 4-10.

[164] Isyumov N, Ho E, Case P. Influence of wind directionality on wind loads and responses [J]. Journal of Wind Engineering and Industrial Aerodynamics, 2014, 133:169-180.

[165] Gallego C, Pinson P, Madsen H, et al. Influence of local wind speed and direction on wind power dynamics-application to offshore very short-term forecasting [J]. Applied Energy, 2011, 88(11): 4087-4096.

[166] Rigato A，Chang P，Simiu E．Database-assisted design，standardization，and wind direction effects [J]．Journal of Structural Engineering，2001，127(8)：855-860.

[167] Masseran N，Razali A M，Ibrahim K，et al．Fitting a mixture of von Mises distributions in order to model data on wind direction in Peninsular Malaysia [J]．Energy Conversion and Management，2013，72(8)：94-102.

[168] 黄铭枫,李强,涂志斌,等.基于 Copula 函数的杭州地区多风向极值风速估计[J].浙江大学学报(工学版),2018,52(5):828-835.

[169] Al-Saleh J A，Agarwal S K．Finite mixture of gamma distributions：a conjugate prior [J]．Computational Statistics and Data Analysis，2007，51(9)：4369-4378.

[170] Johnson R A，Wehrly T E．Measures and models for angular correlation and angular-linear correlation [J]．Journal of the Royal Statistical Society，1976，39(2)：222-229.

[171] Fujino Y，Ito M．Statistical estimation of direction-dependent design wind speed [J]．Journal of Wind Engineering and Industrial Aerodynamics，1983，13(1-3)：115-125.

[172] Wang Z W，Zhang W M，Tian G M，et al．Joint values determination of wind and temperature actions on long-span bridges：Copula-based analysis using long-term meteorological data [J]．Engineering Structures，2020，219：110866.

[173] Johnson R A，Evans J W，Green D W．Some bivariate distributions for modeling the strength properties of lumber [J]．Mechanical Systems and Signal Processing，1999，6(3)：251-260.

[174] Nagode M，Fajdiga M．An alternative perspective on the mixture estimation problem [J]．Reliability Engineering and System Safety，2006，91(4)：388-397.

[175] 傅大宝.基于长期应变监测数据的钢桥疲劳可靠度评估[D].福州:福州大学,2012.

[176] Mesquita E，A Arêde，Silva R，et al．Structural health monitoring of the retrofitting process，characterization and reliability analysis of a masonry heritage construction [J]．Journal of Civil Structural Health Monitoring，2017，7(3)：405-428.

[177] Simiu E，Heckert N A，Filliben J J，et al．Extreme wind load estimates based on the Gumbel distribution of dynamic pressures：an assessment [J]．Structural Safety，2001，23(3)：221-229.

［178］Erdem E，Shi J. Comparison of bivariate distribution construction approaches for analysing wind speed and direction data ［J］. Wind Energy，2011，14(1)：27-41.

［179］Dempster A P，Laird N M，Rubin D B. Maximum likelihood from incomplete data via the EM algorithm ［J］. Journal of the Royal Statistical Society，1977，39：1-38.

［180］张宏东. EM 算法及其应用［D］. 济南：山东大学，2014.

［181］张晓勤，王煜，卢殿军. 混合指数威布尔分布的参数估计［J］. 河南大学学报（自然科学版），2012，42(3)：230-233.

［182］孙大飞，陈志国，刘文举. 基于 EM 算法的极大似然参数估计探讨［J］. 河南大学学报（自然科学版），2002，32(4)：35-41.

［183］Whelan M，Zamudio N S，Kernicky T. Structural identification of a tied arch bridge using parallel genetic algorithms and ambient vibration monitoring with a wireless sensor network ［J］. Journal of Civil Structural Health Monitoring，2018，8(2)：315-330.

［184］Pearson K. Contributions to the mathematical theory of evolution ［J］. Philosophical Transactions，1894，185：71-110.

［185］Akaike H. A new look at the statistical model identification ［J］. IEEE Transactions on Automatic Control，1974，19(6)：716-23.

［186］楼文娟，段志勇，庄庆华. 极值风速风向的联合概率密度函数［J］. 浙江大学学报（工学版），2017，51(6)：1057-1063.

［187］中华人民共和国住房和城乡建设部. 建筑结构荷载规范（GB 50009—2012）［S］. 北京：中国建筑工业出版社，2012.

［188］Ziegel E R，Ross S. A first course in probability ［J］. Technometrics，1998，40(3)：268.

［189］Li H N，Zheng X W，Li C. Copula-based joint distribution analysis of wind speed and direction ［J］. Journal of Engineering Mechanics，2019，145(5)：4019024.

［190］Xu S Q，Ma R J，Wang D，et al. Prediction analysis of vortex-induced vibration of long-span suspension bridge based on monitoring data ［J］. Journal of Wind Engineering and Industrial Aerodynamics，2019，191：312-324.

［191］Shum K M，Xu Y L，Guo W H. Wind-induced vibration control of long span cable-stayed bridges using multiple pressurized tuned liquid column dampers ［J］. Journal of Wind Engineering and Industrial Aerodynamics，2008，96（2）：166-192.

［192］Petrini F，Bontempi F. Estimation of fatigue life for long span suspension bridge hangers under wind action and train transit ［J］. Structure and Infrastructure Engineering，2011，7(7-8)：491-507.

［193］Zhu L D，Li L，Xu Y L，et al. Wind tunnel investigations of aerodynamic coefficients of road vehicles on bridge deck ［J］. Journal of Fluids and Structures，2012，30(2)：35-50.

［194］Wang J，Liu J X. Experimental study on wind-resistance capability of long span continuous rigid-frame parallel bridge with high-rise piers ［C］//International Conference on Remote Sensing，Environment and Transportation Engineering，2011,6(4)：4979-4982.

［195］Zhang X，Chen X. Influence of dependence of directional extreme wind speeds on wind load effects with various mean recurrence intervals ［J］. Journal of Wind Engineering and Industrial Aerodynamics，2016，148:45-56.

［196］Thordal M S，Bennetsen J C，Koss H H H. Review for practical application of CFD for the determination of wind load on high-rise buildings ［J］. Journal of Wind Engineering and Industrial Aerodynamics，2019，186:155-168.

［197］Khalilzadeh A，Ge H，Ng H D. Effect of turbulence modeling schemes on wind-driven rain deposition on a mid-rise building：CFD modeling and validation ［J］. Journal of Wind Engineering and Industrial Aerodynamics，2019，184:362-377.

［198］Haque S，Rasul M G，Khan M M K，et al. Influence of the inlet velocity profiles on the prediction of velocity distribution inside an electrostatic precipitator ［J］. Experimental Thermal and Fluid Science，2009，33(2)：322-328.

［199］Shimada K，Ishihara T. Predictability of unsteady two-dimensional k-ε model on the aerodynamic instabilities of some rectangular prisms ［J］. Journal of Fluids and Structures，2012，28:20-39.

［200］Miranda S D，Patruno L，Ubertini F，et al. Indicial functions and flutter derivatives：A generalized approach to the motion-related wind loads ［J］. Journal of Fluids and Structures，2013，42:466-487.

［201］Santo G，Peeters M，Paepegem W V，et al. Dynamic load and stress analysis of a large horizontal axis wind turbine using full scale fluid-structure interaction simulation ［J］. Renewable Energy，2019，140(9)：212-226.

［202］薛祖杰. 基于 CFD 的复杂超高层建筑双向流固耦合研究［D］. 重庆:重庆大学,2012.

[203] 胡柏学,黄浩,曾威.基于健康监测的悬索桥吊索疲劳可靠性评估[J].公路交通科技,2015,32(6):76-80.

[204] Qi Y, Ishihara T. Numerical study of turbulent flow fields around of a row of trees and an isolated building by using modified k-ε model and LES model [J]. Journal of Wind Engineering and Industrial Aerodynamics,2018,177:293-305.

[205] Nakajima K, Ooka R, Kikumoto H. Evaluation of k-ε Reynolds stress modeling in an idealized urban canyon using LES [J]. Journal of Wind Engineering and Industrial Aerodynamics,2018,175:213-228.

[206] Lateb M, Masson C, Stathopoulos T, et al. Comparison of various types of k-ε models for pollutant emissions around a two-building configuration [J]. Journal of Wind Engineering and Industrial Aerodynamics,2013,115:9-21.

[207] David C W. Reassessment of the scale-determining equation for advanced turbulence models [J]. Aiaa Journal,1988,26(11):1299-1299.

[208] Menter F R. Two-equation eddy-viscosity turbulence models for engineering applications [J]. Aiaa Journal,1994,32(8):1598-1605.

[209] 丁杨.多场耦合作用下屋面系统设计与宏观性能演变研究[D].南昌:华东交通大学,2018.

[210] 邓羊晨,李寿英,严杰韬,等.两类悬索桥吊索气动稳定性比较研究[J].土木工程学报,2019,52(1):86-92.

[211] Gluck M, Breuer M, Durst F, et al. Computation of fluid-structure interaction on lightweight structures [J]. Journal of Wind Engineering and Industrial Aerodynamics,2001,89(14-15):1351-1368.

[212] Soyarslan C, Tekkaya A E. Finite Element Method [M]. Hoboken, US: John Wiley & Sons Inc,2014.

[213] Hairer E, Lubich C, Roche M. The numerical solution of differential-algebraic systems by Runge-Kutta methods [M]. New York:Springer-Verlag,1989.

[214] Matsuichi M, Endo T. Fatigue of metals subjected to varying stress [J]. International Journal of Automotive Technology,1968,2(13):362-381.

[215] 王一达.风荷载作用下风机基础疲劳可靠度研究[D].沈阳:沈阳建筑大学,2019.

[216] 马林.国产1860级低松弛预应力钢绞线疲劳性能研究[J].铁道标准设计,2000(5):21-23.

[217] 王志杰.焊补对SMA490BW钢焊接接头疲劳行为的影响[D].石家庄:石家庄铁道大学,2014.

［218］中华人民共和国建设部. 钢结构设计标准［M］. 北京:中国建筑工业出版社,2017.

［219］Kang H T, Dong P, Hong J K. Fatigue analysis of spot welds using a mesh-insensitive structural stress approach［J］. International Journal of Fatigue, 2007, 29(8): 1546-1553.

［220］Yaghoubshahi M, Alinia M M, Milani A S. Master $S-N$ curve approach to fatigue prediction of breathing web panels［J］. Journal of Constructional Steel Research, 2017, 128:789-799.

［221］Dong P, Prager M, Osage D. The design master $S-N$ curve in ASME DIV 2 rewrite and its validations［J］. Welding in the World, 2007, 51(5-6): 53-63.

［222］Ciavarella M, D'Antuono I P, Papangelo A. On the connection between Palmgren-Miner rule and crack propagation laws［J］. Fatigue and Fracture of Engineering Materials and Structures, 2018, 41(7):1469-1475.

［223］栾旭光,黄方林,贾承林. 基于 BS 5400 规范的老龄铁路铆接钢桥疲劳寿命评估［J］. 噪声与振动控制,2009,29(2):23-26.

［224］胡俊,欧进萍. 环境风场长期作用下某大跨悬索桥抖振疲劳寿命分析［J］. 振动工程学报,2014,27(1):60-66.

［225］邹小洁. 九堡大桥主桥桥面系钢主纵梁设计要点［J］. 城市道桥与防洪,2011(1): 56-59,7.

［226］蒋国庆,李道奎. 基于 Davenport 风速谱的火箭及其发射平台风致响应分析［J］. 国防科技大学学报,2015,37(5):104-109.

［227］王修琼,崔剑峰. Davenport 谱中系数 K 的计算公式及其工程应用［J］. 同济大学学报(自然科学版),2002,30(7):849-852.

［228］肖仪清,孙建超,李秋胜. 台风湍流积分尺度与脉动风速谱:基于实测数据的分析［J］. 自然灾害学报,2006(5):45-53.

［229］王天鹏,张建仁,王磊,等. 桥梁缆索钢丝裂纹扩展速率预测及疲劳寿命计算［J］. 湖南大学学报(自然科学版),2021,48(3):24-33.

［230］郑祥隆,谢旭,李晓章,等. 钢丝裂纹扩展估算模型及其在预腐蚀疲劳寿命计算中的应用［J］. 土木工程学报,2017,50(3):101-107.

［231］Yao G, Yang S, Zhang J, et al. Analysis of corrosion-fatigue damage and fracture mechanism of in-service bridge cables/hangers［J］. Advances in Civil Engineering, 2021, 12(10): 1-10.

[232] Guo T，Liu Z，Correia J，et al．Experimental study on fretting-fatigue of bridge cable wires［J］．International Journal of Fatigue，2020，131(1)：105321．

[233] 吴甜宇，李涛．交变应力与环境耦合作用下拉索腐蚀疲劳损伤机理研究［J］．公路，2015，60(4)：104-109．

[234] Wu Q，Chen X，Fan Z，et al．Corrosion fatigue behavior of FV520B steel in water and salt-spray environments［J］．Engineering Failure Analysis，2017，79：422-430．

[235] 马亚飞，欧阳清波，汪国栋，等．基于等效初始裂纹尺寸的吊杆疲劳寿命预测［J］．交通科学与工程，2020，36(2)：52-57．

[236] Liu Z X，Guo T，Matthew H，et al．Corrosion fatigue analysis and reliability assessment of short suspenders in suspension and arch bridges［J］．Journal of Performance of Constructed Facilities，2018，32(5)：4018060．

[237] 朱子昂．平行钢丝拉索在荷载与电化学腐蚀耦合作用下的损伤机理试验研究［D］．重庆：重庆交通大学，2018．

[238] Jie Z，Li Y，Wei X，et al．Fatigue life prediction of welded joints with artificial corrosion pits based on continuum damage mechanics［J］．Journal of Constructional Steel Research，2018，148(9)：542-550．

[239] Huang X G，Xu J Q．Pit morphology characterization and corrosion fatigue crack nucleation analysis based on energy principle［J］．Fatigue and Fracture of Engineering Materials and Structures，2012，35(7)：606-613．

[240] Zhang Y，Zheng K，Heng J，et al．Corrosion-fatigue evaluation of uncoated weathering steel bridges［J］．Applied Sciences，2019，9(17)：3461．

[241] Shi P，Mahadevan S．Corrosion fatigue and multiple site damage reliability analysis［J］．International Journal of Fatigue，2003，25(6)：457-469．

[242] 马亚飞，陈志铖，叶钧，等．桥梁吊索高强钢丝疲劳裂纹扩展试验与数值模拟［J］．防灾减灾工程学报，2019(1)：23-30．

[243] Mahmoud K M．Fracture strength for a high strength steel bridge cable wire with a surface crack［J］．Theoretical and Applied Fracture Mechanics，2007，48(2)：152-160．

[244] Lu D，Yan W，Lei N．A simple corrosion fatigue design method for bridges considering the coupled corrosion-overloading effect［J］．Engineering Structures，2019，178(1)：309-317．

［245］BS Institution. Guide to fatigue design and assessment of steel products-Industrial Member Report 1076/2016［S］. London：British Standards Institution，2014.

［246］BS Institution. Guide to methods for assessing the acceptability of flaws in metallic structures［S］. London：British Standards Institution，2013.

［247］曹楚南. 中国材料的自然环境腐蚀［M］. 北京：化学工业出版社，2004.

［248］Nazarian E，Ansari F，Zhang X，et al. Detection of tension loss in cables of cable-stayed bridges by distributed monitoring of bridge deck strains［J］. Journal of Structural Engineering，2016，142(6)：4016018.

［249］Gobbato M，Kosmatka J B，Conte J P. A recursive Bayesian approach for fatigue damage prognosis：An experimental validation at the reliability component level ［J］. Mechanical Systems and Signal Processing，2014，45(2)：448-467.

［250］Yan W C，Deng L，Zhang F，et al. Probabilistic machine learning approach to bridge fatigue failure analysis due to vehicular overloading ［J］. Engineering Structures，2019，193(8)：91-99.

［251］Zhu J，Zhang W. Probabilistic fatigue damage assessment of coastal slender bridges under coupled dynamic loads［J］. Engineering Structures，2018，166(7)：274-285.

［252］Jones D R，Schonlau M，Welch W J. Efficient global optimization of expensive black-box functions［J］. Journal of Global Optimization，1998，13(4)：455-492.

［253］Gregori S，Gil J，Tur M，et al. Analysis of the overlap section in a high-speed railway catenary by means of numerical simulations［J］. Engineering Structures，2020，221：1-14.

［254］Zhang Y M，Wang H，Mao J X，et al. Probabilistic framework with bayesian optimization for predicting typhoon-induced dynamic responses of a long-span bridge［J］. Journal of Structural Engineering，2021，147(1)：4020297.

［255］Rebello S，Yu H，Ma L. An integrated approach for system functional reliability assessment using dynamic bayesian network and hidden markov model ［J］. Reliability Engineering and System Safety，2018，180(12)：124-135.

［256］Gehl P，D'Ayala D. Development of bayesian networks for the multi-hazard fragility assessment of bridge systems［J］. Structural Safety，2016，60：37-46.

［257］Xie X，Li X. Genetic algorithm-based tension identification of hanger by solving inverse eigenvalue problem［J］. Inverse Problems in Science and Engineering，2014，22(6)：966-987.

[258] Chopra A K. Dynamics of structures: Theory and applications to earthquake engineering [M].Beijing: Tsinghua University Press, 2012.

[259] Spanos P, Chen T W. Vibrations of marine riser systems [J]. Journal of Energy Resources Technology, 1980, 102(4): 203-213.

[260] Xu X, Sun L, Huang H, et al. Identification of flexural rigidity and tension of short hangers with adding mass and neural network [C]//Fifth International Conference on Natural Computation. IEEE Computer Society, 2009.

[261] Brochu E, Cora V M, Freitas N D. A tutorial on bayesian optimization of expensive cost functions, with application to active user modeling and hierarchical reinforcement learning [J]. Computer Science, 2010,(5): 1-49.

[262] Mockus J. Application of Bayesian approach to numerical methods of global and stochastic optimization [J]. Journal of Global Optimization, 1994, 4 (4): 347-365.

[263] Wang Z L, Ogawa T, Adachi Y. Influence of algorithm parameters of bayesian optimization, genetic algorithm, and particle swarm optimization on their optimization performance[J]. Advanced Theory and Simulations, 2019, 2(10): 1900110.

[264] Yuen K V. Bayesian methods for structural dynamics and civil engineering [M]. Hoboken: John Wiley & Sons Inc, 2010.

[265] Vereecken E, Botte W, Lombaert G, et al. Bayesian decision analysis for the optimization of inspection and repair of spatially degrading concrete structures [J]. Engineering Structures, 2020, 220:111028.

[266] Shiraiwa T, Enoki M, Goto S, et al. Data assimilation in the welding process for analysis of weld toe geometry and heat source model [J]. ISIJ Internation, 2020, 60(6): 1301-1311.

[267] Candelieri A, Archetti F. Global optimization in machine learning: The design of a predictive analytics application [J]. Soft Computing, 2019, 16(8): 2969-2977.

[268] Xu Y L, Zhang J, Li J C, et al. Experimental investigation on statistical moment-based structural damage detection method [J]. Structural Health Monitoring, 2009, 8(6): 555-571.

[269] Pearl J. Probabilistic Reasoning in Intelligent Systems [M]. San Francisco, US: Morgan Kaufmann,1988.

［270］Cai B，Liu Y，Liu Z，et al. Application of Bayesian networks in reliability evaluation［J］. Bayesian Networks for Reliability Engineering，2020，(16):1-12.

［271］Tran T B，Bastidas-Arteaga E，Schoefs F，et al. A Bayesian network framework for statistical characterisation of model parameters from accelerated tests: application to chloride ingress into concrete［J］. Structure and Infrastructure Engineering，2018，14(5): 580-593.

［272］Khakzad N，Landucci G，Reniers G. Application of dynamic Bayesian network to performance assessment of fire protection systems during domino effects［J］. Reliability Engineering and System Safety，2017，167:232-247.

［273］中华人民共和国住房和城乡建设部.建筑结构可靠性设计统一标准[S].北京:中国建筑工业出版社,2018.

［274］Wirsching P H. Fatigue reliability for offshore structures［J］. Journal of Structural Engineering，1984，110(10): 2340-2356.

［275］Geyer C J. Practical markov chain monte carlo［J］. Statistical Science，1992，7(4): 473-483.

［276］Alex K，Oswaldo M N，Thomas Y，et al. A two-dimension dynamic Bayesian network for large-scale degradation modeling with an application to a bridges network［J］. Computer-Aided Civil and Infrastructure Engineering，2017，32(8): 641-656.

［277］Cadini F，Gioletta A. A Bayesian monte carlo-based algorithm for the estimation of small failure probabilities of systems affected by uncertainties［J］. Reliability Engineering and System Safety，2016，153: 15-27.

［278］Andrieu C，Freitas N D，Doucet A，et al. An introduction to MCMC for machine learning［J］. Machine Learning，2003，50(1): 5-43.